MITTELBERGER, PELZ, ROSEN, FRANKE (HG.)
MASCHINENSEHEN

MASCHINENSEHEN

Feldforschung in den Räumen bildgebender Technologien

Spector Books

Inhalt

Vorwort I

Die Ausstellung *Maschinensehen* sowie die vorliegende Publikation sind Ergebnis einer mehrjährigen Seminarreihe, die unter dem Titel «Imaging Technologies» von Michael Clegg und mir im Jahr 2010 an der HfG | Staatlichen Hochschule für Gestaltung Karlsruhe initiiert wurde. Ziel war es, die aktuellsten fotografischen bzw. bildgrafischen Verfahren zu erkunden, und zwar an jenen Orten, an denen sie entwickelt und angewendet werden. Die Dokumentation in unterschiedlichsten Formaten – Film, Fotografie, Zeichnung, Schrift – sollte helfen zu verstehen, welche Veränderungen diese neuen Verfahren für unsere Gesellschaft mit sich gebracht haben oder noch mit sich bringen werden. Die Hoffnung war, eine Ästhetik – im Sinne einer Versinnlichung – im Entstehen beobachten zu können, während sie sich industriell oder kommerziell verbreitet und bevor sie in das Vokabular der Künste integriert wird. Beobachtbar sind diese Vorgänge an historischen Bildern – etwa an den Fotografien Étienne-Jules Mareys –, die in einem rein wissenschaftlichen Kontext entstanden sind und deren Veränderungen wir in Bezug auf Verständnis und Nutzung analysiert haben. Diese Vorgänge nachzuvollziehen hilft, die Bildproduktion der Gegenwart besser zu verstehen.

Wissenschaftliche Prozesse zeichnen sich in ihrer Ausübung durch eine theatrale Qualität, eine Präzision und eine handwerkliche Sorgfalt aus; im Zuge ihrer Dokumentation rücken daher nicht allein die Datenbilder, sondern auch die Produzentinnen und Produzenten der Bilder sowie die Räume in den Fokus der Beobachtung. Die schnelle Verfallszeit der meisten computergestützten Technologien weist jedem, der dieses Feld dokumentiert, eine kulturhistorisch wichtige Rolle zu. Denn in dem Moment, in dem messtechnische und bildgebende Verfahren ausgereift sind, sind sie meist schon überholt und werden rasch ersetzt. Da ihr technikhistorischer und damit kulturhistorischer Wert nicht anerkannt ist, gehen alle Spuren dieser Technologien verloren.

Nicht immer ist der Dokumentarist willkommen. Über die analogen Verfahren militärischer Observierung mit Tornados in Afghanistan per Nassfilm etwa darf zum Zeitpunkt ihres Einsatzes nicht berichtet werden. Ein Jahr später, wenn Drohnen diese Aufgaben unter Verwendung digitaler Verfahren übernehmen, ist die Vorgängertechnik verschwunden und vergessen. Viele Prozesse sind nicht mehr beobachtbar, und Materialien, die notwendig wären, um sie zu verstehen, verschwinden unwiederbringlich. Gleichzeitig beginnt auch das Wissen über die Verfahren zu verblassen, das eigentlich benötigt würde, um die Bilder in einigen Jahren historisch und ästhetisch interpretieren zu können.

Der Besuch von Institutionen, an denen bildgebende Verfahren entwickelt, erforscht und angewandt werden, die Fragen an Wissenschaftlerinnen und Wissenschaftler und das Interesse an Geräten und Materialien verändern nicht nur die Beobachtenden. Die Feldforschung verändert auch das Feld selbst. Unser Ziel war es zu erproben, wie man sich der fotografischen Praxis der Gegenwart bzw. den Visualisierungsverfahren annähern kann, wie man sie beobachten und beschreiben kann und sie dadurch vielleicht auch mitschreibt und beeinflusst. Fotografie ist ein gesellschaftlich zentrales Instrument, für das wir ein klareres Bewusstsein entwickeln müssen.

Vorwort II

Die technische Umwelt, notierte Marshall McLuhan 1967, forme wie eine Sprache unsere Wahrnehmung sowie unsere Gewohnheiten des Denkens und Fühlens und sei für uns, ähnlich wie unsere Muttersprache, «ziemlich unsichtbar».[1] Künstlern jedoch sei es möglich – aufgrund einer besonderen Sensibilität –, die Auswirkungen neuer Technologien wahrzunehmen und ihren Mitmenschen beizubringen, die Welt zu sehen, in der sie leben. Eine Formulierung von Ezra Pound übernehmend, bezeichnete McLuhan Künstler daher als «Antennen» der Menschheit.[2] Das Konzept des Künstlerhelden, der die technische Welt durchschaut und seinen betäubten Mitbürgern als überlegener Lehrmeister begegnet, stieß selbst in den 1960er-Jahren nicht auf ungeteilte Zustimmung. Doch das von McLuhan hier auf seine Weise formulierte Ziel, die Menschen über die technischen Bedingungen ihrer Existenz aufzuklären, leitet bis heute nicht nur manche Künstlerinnen und Künstler, sondern auch Vertreterinnen und Vertreter einer Reihe von alten und neuen Berufsfeldern an. Medientheoretiker, auf diese Fragestellung spezialisierte Soziologen, Ethnologen,

1 Vgl. Marshall McLuhan, «Technology and Environment», in: *Arts Canada*, Vol. 24, Nr. 105, Februar 1967, S. 5.

2 Vgl. Ezra Pound, *ABC des Lesens* [engl. Original 1943], Suhrkamp, Frankfurt am Main, 1957, S. 104.

Bildwissenschaftler und Psychologen wenden sich, mit unterschiedlichen Methoden, der Technik gegenwartsdiagnostisch zu. Auch für die Gründung des ZKM | Zentrum für Kunst und Medientechnologie Karlsruhe vor mehr als zwanzig Jahren war die Idee der Aufklärung über Technik ein wesentlicher Impuls.

Das Projekt *Maschinensehen*, das auf Initiative von Armin Linke in einer Kooperation der HfG | Staatlichen Hochschule für Gestaltung Karlsruhe mit dem ZKM realisiert wurde, steht in diesem Sinne beispielhaft für den Auftrag des ZKM | Medienmuseums, nicht nur die Geschichte der technischen Medien, sondern auch aktuelle Anwendungsmöglichkeiten zur Anschauung zu bringen. Denn *Maschinensehen* präsentiert die Ergebnisse einer dreijährigen Recherche, deren Ziel es war, neue bildgebende Verfahren, wie sie derzeit im wissenschaftlichen, militärischen, politischen, medizinischen und landwirtschaftlichen Bereich entwickelt bzw. angewendet werden, zu dokumentieren. Das Projekt ist jedoch auch Indikator einer deutlichen Veränderung in der Auseinandersetzung mit Technik in bestimmten Bereichen der Geisteswissenschaften im Verlauf der vergangenen zwanzig Jahre, die auch die Künste und die Museen nicht unberührt gelassen hat. Prophetische Texte über die jeweilige Technologie als solche – ob Fernsehen, Computer oder Internet –, in denen, wie Hans Magnus Enzensberger es formulierte, aus den «Eingeweiden der technischen Zivilisation» wahlweise der Untergang der Kultur oder die Ankunft eines irdischen Paradieses gelesen werden,[3] haben an Anziehungskraft verloren. An ihre Stelle traten Detailstudien konkreter Situationen, die Maschinen und technische Verfahren nicht künstlich isoliert betrachten, sondern in ihrer Verwobenheit in der Welt, etwa mit Wirtschaft, Recht, Politik, Industrie, aber auch mit Kunst und Literatur. Und so beschäftigten sich die zu *Maschinensehen* beitragenden Künstlerinnen und Künstler auch nicht abstrakt mit den Funktionsweisen aktueller Mess- und Visualisierungstechnologien, sondern suchten Orte der Entwicklung und Anwendung auf.

Die ethnografische Herangehensweise der am Projekt *Maschinensehen* beteiligten Künstlerinnen und Künstler ist an sich nicht neu; die Feldforschung sowie das Konzept des Künstlers als Ethnografen sind ebenso viel diskutierte wie etablierte Formen der Kunstwelt. Auffallend ist jedoch die Qualität der Beobachtungen, filmischen Beschreibungen und räumlichen Installationen, die sich nicht zuletzt auch in Auseinandersetzung mit Positionen der Bildwissenschaften und Kunstgeschichte, der Wissenschaftsgeschichte sowie der Science and Technology Studies (STS), hier insbesondere mit den Schriften Bruno Latours, herausbildete. *Maschinensehen* stellt so auch auf dieser Ebene Verbindungen mit dem inhaltlichen Programm des

3 Vgl. Hans Magnus Enzensberger, *Das digitale Evangelium. Propheten, Nutznießer, Verächter*, Sutton, Erfurt, 2000, S. 12.

ZKM her, das mit Bruno Latour zwei Ausstellungen – *Iconoclash. Jenseits der Bilderkriege in Wissenschaft, Religion und Kunst* (2002) und *Making Things Public. Atmosphären der Demokratie* (2005) – verwirklichte, und zeigt andere, neue Wege auf.

Nimmt man die Methodik der Wissenschafts- und Technikforschung ernst und überträgt sie auf die Betrachtung der Kunstpraxis, dann ist die Frage nicht, ob sich Künstlerinnen und Künstler, wie Marshall McLuhan und Ezra Pound es formulierten, durch eine besondere Sensibilität bzw. ein überdurchschnittliches Wahrnehmungsvermögen auszeichnen. Dies ist zwar eine hilfreiche Eigenschaft, doch in ein Labor zu gehen, Forscherinnen und Forscher zu befragen, Archive durchzusehen, Orte, Personen, Gegenstände und Abläufe zu filmen und zu fotografieren und Erzählstrukturen sowie eine Präsentationsform festzulegen, bedeutet, ein aufwendiges Experiment einzurichten und durchzuführen.[4] Zu beantworten ist daher nicht die Frage nach einer letztlich ungreifbaren Eigenschaft, sondern ob und wie es den Künstlerinnen und Künstlern im konkreten Fall – wie hier in *Maschinensehen* geschehen – gelingt, eine Experimentalanordnung so festzulegen, dass sich die Vielfalt der Welt entfalten kann.

4 Vgl. Bruno Latour, *Eine neue Soziologie für eine neue Gesellschaft. Einführung in die Akteur-Netzwerk-Theorie* [engl. Original 2005], Suhrkamp, Frankfurt am Main, 2007, S. 236f.

Maschinensehen

Feldforschung in den Räumen bildgebender Technologien

Fassen wir ins Auge, welche globalen Entwicklungen die Bildproduktion heute maßgeblich prägen, und schon werden wir uns in ein Feld der Superlative und der Multiplikationen begeben haben. Denn noch nie wurden so viele Bilder produziert und in Zirkulation versetzt wie in der Gegenwart. Das steht außer Frage. Üblicherweise wird in diesem Zusammenhang aber von der Proliferation der Medienbilder gesprochen oder etwa von den Millionen von Kameraaugen der Mobiltelefone, die Festgehaltenes unmittelbar in die globalen Netzwerke einspeisen können. Die digitale Transformation des Bildes, im Zuge derer Bilder zu mobilen Datensätzen wurden, die Raum- und Zeitkoordinaten zu durchqueren in der Lage sind, führt zunehmend zur irreversiblen Transformation eben jener Koordinaten selbst. Das schlägt sich in veränderten gesellschaftlichen Formationen, sozialen Bewegungen und politischen Konfigurationen nieder, einhergehend mit neuen Subjektentwürfen und Kollektivvorstellungen, die sich im imaginären Spiegel der zirkulierenden Bilder und ihrer symbolischen Währungen konstituieren.

Diesem Bereich, der grundsätzlich noch den humanistisch geprägten Kategorien der Ikonografie verhaftet bleibt, steht aber zunehmend eine Sphäre der Bildproduktion gegenüber, die sich in diesen Kategorien nicht mehr sinnvoll fassen lässt. Bilder sind hier nicht symbolisch-figurativ, sondern Datenkarten, und sie sind Teil operativer Vorgänge und Verkettungen. Im Extremfall kommt es zur Produktion von Bildern durch Maschinen nur noch *für* Maschinen, unter Ausschluss des menschlichen Auges. Die Rede ist von jener Sphäre der Bildproduktion, die gemeinhin unter dem Begriff der bildgebenden Technologien firmiert. Die bildgebenden Technologien dienen der Datenerhebung zum Zwecke der Erkenntnis ebenso wie der Kontrolle.

Diese Technologien – auch das darf nicht vergessen werden – sind eine wesentliche Quelle der Innovation in der Forschung, aber nicht zuletzt auch in der industriellen Produktion und Automation, und sie zählen daher zu einer Wachstumsbranche. Kein Bereich, der von den Entwicklungen dieser Technologien nicht betroffen wäre: Forschung, Militär und Polizei, Politik, industrielle Produktion, Medizin. Die bildgebenden Technologien dringen in Mikro- und Makrokosmos vor, sie finden Anwendung in Raumsonden und Satelliten ebenso wie an den Ozeanböden der Tiefsee, in der medizinischen Forschung und klinischen Anwendung oder in der Nanotechnologie. Es geht bei ihnen also um die Datenerhebung auf Distanz – um sogenanntes *remote sensing* –, das wiederum Interventionen in jene sonst unzugänglichen Räume ermöglicht. Sie erlauben es, das menschliche Auge und Urteil in einem rein automatisierten und kontrollierbaren Prozess zu ersetzen. Menschen werden dann an einer anderen Stelle gebraucht: Forscherinnen und Forscher und Analystinnen und Analysten müssen sich die komplexe Fähigkeit der Interpretation aneignen, Militärs müssen Operationen über Bildschirme ausführen, und Prozesse aller Art verlangen nun nach einem Monitoring, wobei es darum geht, Abweichungen von gesetzten Grenzwerten zu registrieren oder aber Abweichungen von Modellbildern oder Modellkarten, die zunehmend eine Idealwirklichkeit in Form eines Sollzustands repräsentieren.

Im Bereich der bildgebenden Technologien bewegen wir uns also jenseits eines mimetisch-repräsentativen *Abbilds* im überkommenen Sinn, weil wir es vielmehr mit Messdaten zu tun haben, denen Pixel entsprechen, die wiederum zu einer Art *Vorbild* für Interventionen werden können. Ein Großteil der heute produzierten Bilder wird eben nicht mehr von Kameraaugen produziert, jenem maschinellen, visuell-mimetischen Äquivalent des menschlichen Auges.

Die bildgebenden Technologien bewegen sich nicht jenseits mimetischer Repräsentation, sie erweitern diese durch und in den Bereich der Maschinenprozesse. Vermittels dieser Erweiterung verändert sich nicht nur der menschliche Lebensraum. Die Veränderungen sind von planetarischem Ausmaß, denn sie betreffen nicht weniger als den Planeten Erde. Die Infrastruktur des sprichwörtlichen planetarischen Raumschiffs ist heute die Unzahl der Sensoren, mit denen der Planet ausgestattet wurde und die ständig Daten erheben. Wir begegnen diesem Erd-Raum heute nicht mehr über die Polaritäten der erdgebundenen Lebenswelten, die uns als Erfahrung gegeben sind, einerseits und der abstrakt-objektivistischen Außenperspektive, die sich im wissenschaftlichen Weltbild und dem Erdglobus manifestierte, andererseits. Wir können die Erde und die Natur nicht mehr als den stabilen, passiven Hintergrund für menschliche Aktivitäten behandeln. Das grundlegende ikonografische Verhältnis des Hintergrunds zur Figur, das sich hier auf unser humanistisch-wissenschaftliches Weltbild erweitert anwenden lässt, ist instabil geworden und droht in jedem Moment zu kippen, wie eine jener berühmten Kippfiguren, in denen der Zwischenraum zwischen zwei menschlichen Profilen plötzlich als Vase in Erscheinung tritt und die Figur der Profile zum Hintergrund werden lässt. Der Hintergrund, die Natur, tritt, ausgelöst durch menschliche Intervention, überall immer stärker in den Vordergrund und wird zur «Figur», das heißt zu einer Agentur, deren Handlungspotenzial dringend berechenbar werden muss; die bisherige Figur, das humane Subjekt der Weltgeschichte, beginnt sich in den selbst geschaffenen maschinellen Gefügen und systemischen Naturzusammenhängen vielfach aufzulösen.

«Follow the actors!» lautet ein bekanntes Diktum der Akteur-Netzwerk-Theorie, zu deren Begründern und Protagonisten Bruno Latour gehört. Zwischen Hinter- und Vordergrund, zwischen handelndem menschlichem Subjekt und passivem Naturgesetz liegt jener Bereich des Netzwerks, das aus Akteuren und Agenturen und ihren Praktiken besteht, die jeweils auf andere Akteure transformierend einwirken: Der Wissenschaftler verändert seinen Gegenstand, der Gegenstand verändert wiederum den Wissenschaftler, und dazwischen entstehen pausenlos Vermittlungsagenturen, aus denen letztlich eine Technologie erwächst. Handlungsmacht ist dabei auf menschliche und nicht menschliche Akteure verteilt. Dieses dichte «Netzwerk» ist die Definition des planetarischen Raums heute, und es ist ein Netzwerk der Registrierungs- und Inskriptionsprozesse, in dem räumliche Distanz, aber auch Vergangenheit und Zukunft zunehmend nur mehr als systemisch-rückgekoppelte Inskriptions- und Zirkulationsprozesse Geltung haben. Es ist der Raum eines ewigen Jetzt, der sich, zwischen Makro- und Mikrokosmos, vom Orbit der Erdatmosphäre über den Ozeanboden und den menschlichen Körper bis hin zu den Vorgängen im menschlichen Bewusstsein alles einschließend, nicht mehr von Polaritäten und dualen Oppositionen her verstehen lässt – und schon gar nicht kontemplativ ermessen. Vielmehr ist dieser planetarische Raum, Mensch und Natur eingeschlossen, schon lange ein technologisches Artefakt, und genau an dieser Stelle treten die bildgebenden Technologien als Produzenten und Vermittler ins Blickfeld.

Der Konfiguration der Akteure in ihren Netzwerken auf die Spur kommen bedeutet, Gegenstände, Zeichen und Praktiken nicht als getrennte Kategorien zu betrachten. Der Anthropologe mit seiner Methode der Feldforschung, sagt Latour, ist der Einzige, der eine Situation beobachten kann, ohne dabei unterschiedliche Maßstäbe anzulegen – etwa an «natürliche», «semiotische» oder «soziale» Faktoren –, und der stattdessen in den Blick nimmt, wie es überhaupt erst zur Trennung der Kategorien in einem Netzwerk der Agenturen (in einer jeden kosmischen und sozialen Ordnung) kommt und wie sich diese Kategorien gegenseitig bedingen und legitimieren. Es geht in diesem Projekt also an keiner Stelle um eine wissenschaftliche, eine zeichentheoretische, eine ikonografische oder eine soziale «Erklärung» irgendeiner Technologie oder einer bestimmten Bildsorte, sondern um eine Form der integrierten Beobachtung. Uns interessiert die hier deutlich werdende Doppelfigur: Neue Räume werden technologisch erfasst, sie werden im Prozess des Erfasstwerdens aber auch erst operativ produziert. Rückblickend lässt sich dann im wissenschaftlichen Erkenntnisprozess eine Referenzkette nachvollziehen.

Erst die technologische Erfassung eines Raums autorisiert die Praktiken und ruft die Akteure auf den Plan, die «Raum» als Konfigurationen konstituieren.

Die Methode des Projekts *Maschinensehen* zur Beschreibung der Räume, die von den bildgebenden Technologien heute produziert werden, bestand folglich darin, sich als Feldforscherinnen und Feldforscher in eben jene Räume zu begeben, in denen diese Technologien entwickelt werden und zur Anwendung kommen. Wir bewegen uns ständig in den durch die bildgebenden Technologien definierten Räumen, meist ohne von ihnen Notiz zu nehmen; selten aber schauen wir in die Kontrollräume und noch seltener in die Labore, wo all die Bilder ankommen und verarbeitet werden.

Wie aber erreichen wir trotzdem eine Differenzierung der Akteure, wie lässt sich eine unkritische und entpolitisierende Nivellierung aller Agenturen in den so als Netzwerken betrachteten Räumen vermeiden? Die grundlegende Einsicht Bruno Latours in die symmetrische Produktion und reziproke Abhängigkeit von stabilisierten und mobilisierten Entitäten in jedem technologischen Prozess ist ein wesentlicher Ausgangspunkt für die Beobachtungen, die im Rahmen von *Maschinensehen* als Feldforschung durchgeführt wurden. Um die Mobilität einer Entität zu ermöglichen, müssen andere Entitäten stabilisiert werden – dauerhaft und verlässlich –, die fortan als stabiler Hintergrund, als Bedingung für die Zirkulation anderer Entitäten fungieren. (Dies ist etwa vergleichbar mit einem Auto, das nur so lange mobil ist, wie beides – Reifen und

Straßen – stabiler Hintergrund bleiben. Das Gleiche gilt für Zeichen und die von ihnen transportierten Referenzen.)

Wenn wir uns die Dokumentationen der Arbeitsvorgänge ansehen, die das Projekt *Maschinensehen* versammelt und präsentiert, wird deutlich, welches enorme Investment eine jede solche Stabilisierung in jeder Hinsicht – zeitlich, monetär, intellektuell etc. – einfordert, und es wird auch offenkundig, dass die Subjektivitäten der Wissenschaftlerinnen und Wissenschaftler sowie der Technikerinnen und Techniker von der *Umformung* aller beteiligten Agenturen keinesfalls ausgenommen sind. Ständig werden so neue Figuren durch neue Hintergrundbedingungen geschaffen: durch die symmetrische Produktion von Stabilität einerseits und die dadurch ermöglichten Mobilitäten und Zirkulationen andererseits. Das ist die Rolle von Technologie oder gar von jeder *Gerätschaft*.

Die Einsicht in diese Symmetrie am Ursprung der Produktion bedeutet aber keinesfalls, dass die Verhältnisse selbst symmetrisch wären. Das Gegenteil ist der Fall. Ihre offenkundige Asymmetrie lässt sich jedoch nur von diesem methodischen Ausgangspunkt einer ursprünglichen Symmetrie her ermessen, die nun in den Schaltstellen einer Technologie verarbeitet ist. Mit einem solchen konzeptuellen Blickwerkzeug verändert sich dasjenige, was wir sehen: Die oft langwierigen und langweilig anmutenden Arbeitsvorgänge werden zu Bildern einer komplexen Verwebung und gar einer Welthervorbringung an prekären Symmetriepunkten, die die Möglichkeitsbedingung für spezifische asymmetrische Verhältnisse sind – wobei sich eine Asymmetrie nicht nur in buchstäblicher Fixierung versus Mobilität manifestiert, sondern auch durch jede Form der antizipierten Einrahmung oder Berechnung zukünftiger Bewegungen. Diese Bilder stehen damit den spektakulären Bildern dramatischer Kreation aus der populären Wissenschaftsillustration in nichts nach, sondern verweisen Letztere vielmehr ins Reich anachronistischer Imagination.

Wenn die Verhältnisse zwischen Akteuren in einem Netzwerk selbst nie symmetrisch sind, sondern nur ein zu Technologie gewordener und ansonsten strikt hypothetischer Ursprung der Produktion, bedeutet das auch, dass wir uns in einem genuin politisierten Territorium befinden, in dem jedes Verhältnis, jede Rahmung im Sinne einer Berechnung oder Automatisierung, jede Technologie politisch ist. Das wird dann am deutlichsten, wenn Einschreibungs-, Identifizierungs- und Fixierungstechnologien auf (Rechts-)Subjekte angewandt werden, etwa in der Migrationskontrolle; oder aber wenn menschliche Entscheidungsprozesse und gar Souveränität in technische Prozesse und Algorithmen verlagert werden, wie es die Automatisierung von bestimmten Waffen in der Kriegsführung zur Folge hat.

Wer handelt, wenn ein Algorithmus angewandt wird? Gibt es eine politische, legale und wissenschaftliche Sprache, die dem Zusammenhang von politischem und technologisch produziertem Raum gerecht wird? Diese Frage muss momentan noch eindeutig verneint werden. Sowohl die konstruktivistische Seite von Bildtechnologien, die nicht abbilden, sondern operative Handlungsräume inklusive zugehöriger Subjektpositionen erst schaffen und steuerbar machen, als auch die Gefahr, die als realpolitische durch diese zunehmende systemische Einschließung und apolitische Steuerung und Kontrolle dem humanistischen Subjekt erwächst, treten gegenüber der Frage nach der *Beweiskraft* des Bildes meist immer noch in den Hintergrund. Angesichts dieser Technologien muss die Frage danach, was ein Bild *tut*, ausgeweitet werden. Unser Blick muss geschärft werden für die Interventionen, die ein Bild nach sich zieht, und für deren Implikationen: Was wird zum Hintergrund, was wird zur Figur? Welche Form von politischem Subjekt ist die Figur in einem jeden solchen Messbild, nicht nur wenn es sich um Menschen handelt? Welche Form von Subjekt wird produziert und welche zum Verschwinden gebracht? Welche Bewegung, welche Abweichung wird messbar, vor dem Hintergrund welcher Norm? Weder eine unkritische Affirmation der gegenseitigen Abhängigkeiten im technologischen Netzwerk noch eine solche des freien humanistischen Subjekts, das wir in jedem Moment von der Technik trennen können, hilft hier weiter. Zuerst müssen wir uns den Räumen und Praktiken selbst annähern und lernen, was es heißt, Teil dieser Orte zu sein, und sie jenseits der blinden Extreme zu verhandeln. Dazu leistet *Maschinensehen* einen Beitrag.

Je mehr Manipulationen,
desto besser

Die vielsagende Stummheit
der Geräte

Zur Operativität eLABORierter
Wissenschaftsbilder

Das Bild als Killer-App

Je mehr Manipulationen, desto besser

Es war sehr wichtig, die Aufmerksamkeit der Forscherinnen und Forscher auf die visuellen Aspekte unterschiedlicher wissenschaftlicher Praktiken zu lenken, da auf diese Weise philosophische Behauptungen über Objektivität auf den Boden der Tatsachen zurückgebracht werden konnten. Und doch könnte die Konzentration auf das Visuelle per se am Ende in eine Sackgasse führen, denn die Bildproduktion in den Wissenschaften ist sehr eigenartig, und zwar so eigenartig, dass das Nachvollziehen dieser merkwürdigen Abläufe eine hervorragende Möglichkeit darstellt, um zu definieren, was in den Wissenschaften überhaupt als «wissenschaftlich» verstanden werden kann.

Zunächst ist die Versuchung groß, mit den visuellen Aspekten all der wissenschaftlichen Instrumente, Aufsätze, Poster und Darstellungen genau so zu verfahren, wie es Kunsthistorikerinnen und Kunsthistoriker in ihrem eigenen Arbeitsgebiet im Umgang mit Visualisierungen tun. Wenn es stimmt, dass sich Gemälde, Fotografien, Stiche und Installationen in Form von offenen oder versteckten Zitaten, Anspielungen, Parodien oder Verzerrungen oft auf andere Kunstwerke beziehen, so gestaltet sich die Verbindung zwischen visuellen Dokumenten in den Wissenschaften doch völlig anders. Jedes Bild bezieht sich auf ein anderes Bild – oder, besser gesagt, auf eine *Inskription* –, das ihm vorangeht und die ihrerseits wiederum von einer weiteren, darauffolgenden Inskription verwandelt wird, sodass eine lange Kaskade von aufeinanderfolgenden Spuren entsteht. Diese Spuren sind durch *Klüfte* getrennt, die durch die Entwicklung von Instrumenten sowie die damit verbundene Entwicklung interpretativer Fähigkeiten so weit es geht verringert werden sollen. Diese Verringerung wird jedoch dadurch erreicht – und das ist das Eigenartige an dieser Sache –, dass die Anzahl der Schritte entlang der Transformationskaskaden nochmals vervielfältigt wird.

Man kann wohl sagen, dass der Grad der Objektivität einer wissenschaftlichen Disziplin durch die Breite dieser Klüfte und durch die Anzahl der Transformationsschritte, die notwendig sind, um diese Klüfte zu überbrücken, definiert werden kann. Die «referenzielle Qualität» einer Disziplin – das heißt ihre Fähigkeit, Objekte zu erreichen, die sonst unzugänglich wären, und sie an einen Ort zu transportieren, wo sie von Fachkolleginnen und Fachkollegen bewertet werden können – hängt gänzlich von der Qualität dieser Transformationsketten ab. Je mehr Schritte *zwischen* den Objekten und jenen Personen, die sie beurteilen, liegen, desto robuster werden die Urteile sein.

Die wissenschaftlichen Visualisierungspraktiken erscheinen sehr paradox, wenn sie aus der Perspektive der Kunstgeschichte oder der Ikonografie betrachtet werden, da sich der Grad an «Realismus» wissenschaftlicher Bilder von jenem von Kunstwerken oder jeder anderen Art von Abbildung grundlegend unterscheidet. Dies liegt einmal daran, dass der «Realismus» hier nie auf der Beziehung zwischen einer Kopie und einem Modell beruht, so als ob dieser nur auf *zwei* Schritte beschränkt werden könnte: Die Kluft wäre viel zu groß, um ein robustes Urteil über die genauen Verbindungen zwischen zwei Inskriptionen fällen zu können. Die Vorstellung von der Wissenschaft als «Spiegel der Welt» ist ein falscher Import aus der Geschichte der figurativen Malerei in die Erkenntnistheorie. In der Wissenschaft ist es eher so, als stünde der Spiegel ganz am Ende einer langen Reihe an Transformationen von Spuren, wobei es sich bei keiner Spur um eine «exakte Kopie» der vorherigen handelt. Mit anderen Worten: Die wissenschaftliche Bildsprache ist nie mimetisch. Wenn sie es wäre, gäbe es keinen Informationsgewinn zwischen einem Schritt und dem nächsten. Es ist vielmehr der *Unterschied* zwischen jedem einzelnen Schritt, durch den sich die Referenz weiterbewegen kann. Wie es die Etymologie des Verbs «referieren» nahelegt, ist dies die einzige Art und Weise, einen Sachverhalt (*state of affairs*) wieder heranzuholen, um damit umgehen und ihn erfassen zu können.

Wenn die Erweiterung, die Komplexität und die Kosten der Referenzketten berücksichtigt werden, lässt sich leicht erkennen, warum die *Isolation* einer Inskription aus dem Fluss, in den sie eingebettet ist, zu einem Verlust der referenziellen Qualität führen würde. Streng genommen hat ein isoliertes wissenschaftliches Bild keine Referenz. Die Möglichkeit der Referenz entsteht einerseits durch das, was eine Inskription von einer vorhergehenden Inskription übernimmt, und andererseits durch das, was sie einer nachfolgenden Spur überträgt, indem sie sie transformiert. Referenz ist eine Bewegung, ein Umherwandern, eine Verlaufskurve, aber nicht die Eigenschaft eines «realistischen» Bildes. Dies ist der Grund, warum die Anzahl der entlang einer Kette erfolgten Transformationen – eine Zahl, die für den gesunden Menschenverstand derart schockierend ist, da sie als Anzahl an «Manipulationen» verstanden werden könnte – für Praktikerinnen und Praktiker sehr viel Sinn macht. (Sidney Harris' Cartoon trifft ins Schwarze, wenn er den Wissenschaftler sagen lässt: «Das macht Sinn.» Das ist nicht ironisch gemeint.)

Die Laborkittelträger wissen ganz genau, dass sie die Klüfte ohne diese lange Manipulationsreihe nicht verringern könnten und dass sie sich sonst auf zu viele willkürliche Urteile verlassen müssten, um sie zu überwinden. Was gemeinhin als Manipulation verstanden wird – «Bitte geben Sie die Tatsachen (*matters of facts*) so direkt und so natürlich wie möglich wieder» –, ist genau das, was für praktizierende Wissenschaftlerinnen und Wissenschaftler die Qualität der Referenz sichert: «Ich kann keine Objektivität erreichen, wenn ich die Anzahl der Transformationen nicht erhöhe.»

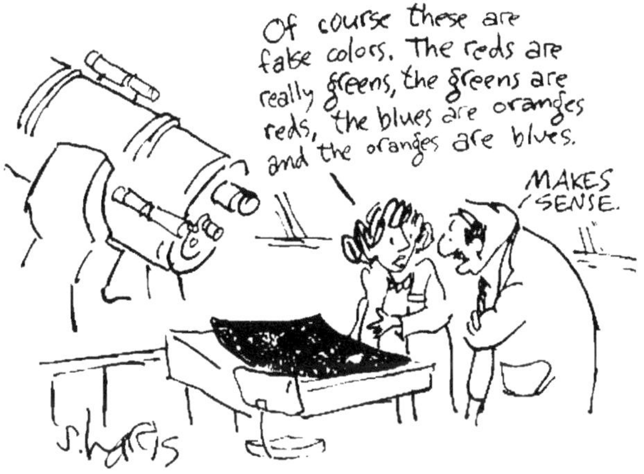

Zeichnung: Sidney Harris

Natürlich kehren Wissenschaftlerinnen und Wissenschaftler wieder zur gebräuchlichen Auffassung von Wissenschaft als Spiegel der Welt zurück, sobald sie das Labor verlassen. Sie sind plötzlich mehr als glücklich, wenn sie ein *einzelnes* aus den Ketten extrahiertes *isoliertes* Bild als «endgültigen Beweis» für jenes Phänomen, das sie beschreiben wollen, präsentieren. Dann, und ausschließlich dann, bzw. nur für pädagogische oder der Werbung und Öffentlichkeitsarbeit dienende Zwecke sind wir aufgefordert, *ein* Bild als die Kopie *eines* Phänomens zu betrachten. Aber egal wie überzeugend diese Darstellung auch erscheinen mag, andere Praktikerinnen und Praktiker wissen ganz genau, dass man, um die Qualität eines solchen isolierten Bildes zu beurteilen, nicht versuchen sollte, es mit seinem «Modell» da draußen zu vergleichen, sondern dass es zu überprüfen gilt, was es von einer anderen, vorhergehenden Inskription behalten hat und was es einer anderen, nachfolgenden Inskription übermitteln kann.

Man könnte sogar argumentieren, dass das «Modell», dessen «Kopie» das gezeigte Einzelbild ist, eigentlich ein *Nachbild* ist, eine bloße Replikation der unterbrochenen Inskription. Dessen geheimnisvoller «Realismus» würde weniger geheimnisvoll erscheinen, wenn wir diese Replikation berücksichtigen: Natürlich ist es «realistisch», da es sich zweimal um dasselbe handelt... Viele erkenntnistheoretische Dilemmata würden sich auflösen, wenn diese beiden unterschiedlichen Positionen desselben Bildes dokumentiert werden könnten. Dafür sollte man jedoch darauf verzichten, wissenschaftliche Bilder zu isolieren und sie jener Art von Fragestellungen zu unterwerfen, die von der Ikonografie hervorgebracht werden. An wissenschaftlichen Bildern ist nichts Visuelles. Es gibt im wahrsten Sinne des Wortes nichts zu «sehen».

Angesichts der umfangreichen Literatur über wissenschaftliche Bildproduktion, die heute vorliegt, besteht die nächste Herausforderung wohl darin, das zu verstehen, was in diesen Ketten *nicht* visuell ist und aus der Kluft zwischen zwei aufeinanderfolgenden Inskriptionen entsteht. Dies ist ein Thema, das von der Flut an Streitigkeiten über den Grad der «Ähnlichkeit» zwischen einem Bild und seiner Kopie verdeckt wurde. Natürlich wissen wir, dass diese Kluft von zwei widersprüchlichen Merkmalen erzeugt wird: von dem, was von einer Spur zur nächsten bewahrt wird, und dem, was sich von einer Spur zur nächsten verändert, sodass zumindest *irgendetwas* konstant bleibt. Aber die Untersuchung dieser unveränderlichen mobilen Elemente (*immutable mobiles*) – das heißt die Frage, wie viel Mobilität wir durch die Regulierung dieser beiden entgegengesetzten Merkmale erhalten können – erfordert einen anderen Ansatz als jenen, der sich durch eine Obsession mit der Herrschaft des Blicks bzw. der dominanten visuellen Ordnung (*scopic regime*) auszeichnet, der ein so großer Teil der Wissenschaftsphilosophie verfallen ist. Wir benötigen eine Philosophie, die in gleichem Maße am Realismus interessiert ist, der zufolge Realismus jedoch durch die Bewegung entlang der Referenzkette erzeugt wird – «Je mehr Vermittlungsschritte, desto besser» – und nicht aus dem Fluss der Bilder hervorspringt und ihn unterbricht: «Wenn es gar keine Vermittlung geben würde, wie viel genauer wäre dann unser Wissen!»

Die vielsagende Stummheit der Geräte

«Gerät» ist ein schönes altes deutsches Wort. Es leitet sich aus dem germanischen Verb «raten» ab und steht insofern auch mit «Rede» und «to read» in Verbindung. «Raten» im alten Sinn bedeutet «überlegen» und «ersinnen», aber auch «sich kümmern», «vorsorgen» und «gedeihen». Von daher versteht sich die schillernde Bedeutung von «Gerät» im Althochdeutschen: einerseits «Beratung», «Fürsorge» und «Heil», andererseits «Vorrat» und «Ausrüstung». In dieser Bedeutung ist «Gerät» immer auf ein Kollektiv bezogen, ähnlich wie bei dem verwandten Ausdruck «Hausrat». So bezieht sich «Gerät» etwa auf die Geräte des Gottesdienstes (Kelche, Leuchter etc.), das Schiffs- und Heergerät sowie die Ausrüstung einzelner Krieger oder Reisender (Gepäck, Waffen etc.). Erst im Neuhochdeutschen fungiert «Gerät» nicht mehr nur als Sammelbegriff, sondern beginnt auch einzelne Gegenstände zu bezeichnen, typischerweise einzelne Werkzeuge des Künstlers, des Handwerkers und des Bauern (Spaten, Schaufel, Hacke etc.).[1]

1 Vgl. Friedrich Kluge, *Etymologisches Wörterbuch der deutschen Sprache*, 22. Aufl., de Gruyter, Berlin, New York, 1989; *Duden. Etymologie. Herkunftswörterbuch der deutschen Sprache*, 2. Aufl., Dudenverlag, Mannheim, Wien, Zürich, 1989; *Deutsches Wörterbuch von Jacob Grimm und Wilhelm Grimm*, online: http://woerterbuchnetz.de/DWB/, 19. 12. 2012.

Vielleicht ist so zu erklären, weshalb sich das schöne alte Wort «Gerät» mittlerweile auf dem Rückzug befindet. Zwar haben sich Ausdrücke wie «Gartengerät», «Küchengerät» oder «Elektrogerät» gehalten, und auch die Rede vom «Fernsehgerät» scheint noch vertraut; die Verwendung dieser Wörter bleibt jedoch an die Welt des Haushalts gebunden. Sobald es um Technik im öffentlichen Raum geht – um die Infrastrukturen des Verkehrs und der Kommunikation, um Fabriken, Kinos oder Waschanlagen, um Forschungslaboratorien und Prüfanstalten –, wird anders, aber vielleicht nur scheinbar zeitgemäßer gesprochen. Dann ist von «Verfahren» oder von «Technologien» die Rede, oder es werden Markennamen, Eigennamen und Abkürzungen verwendet, etwa iPhone, GPS oder Magnetresonanztomograf (MRT). Sämtliche Verbindungen zur Vorstellung der Beratung, der Fürsorge oder gar des Heils erscheinen damit als gekappt.

Die Wissenschafts- und Technikforschung hat diesem Trend kaum etwas entgegenzusetzen. Zwar haben sich Soziologen und Historiker in den letzten zwanzig Jahren verstärkt für die «materielle Kultur» interessiert, in denen sich Prozesse der technowissenschaftlichen Innovation abspielen. Doch bis heute bleiben Untersuchungen zu einzelnen Geräten die Ausnahme in diesem Forschungsfeld. Wo sie anzutreffen sind, orientieren sie sich – ähnlich wie die Alltagssprache – zumeist an etablierten Eigennamen: etwa Tachistoskop[2] oder Liquid Scintillation Counter[3].

Zudem sträuben sich viele Soziologen immer noch, neben der Sphäre der menschlichen Beziehungen den Bereich der Technik als Forschungsgegenstand sui generis zu akzeptieren, und die meisten Historiker ziehen es weiterhin vor, sich in die Papierwelt der Archive zu begeben, anstatt sich in Museen und anderen Sammlungen darauf einzulassen, mit stummen Dingen konfrontiert zu werden.

Immerhin gibt es die wegweisenden Arbeiten von Peter Galison, der seine Geschichte der Teilchenphysik explizit als eine «Geschichte der Maschinen» konzipiert und sich tatsächlich auf die Einzelheiten physikalischer Instrumente und Architekturen eingelassen hat.[4] Und immerhin gibt es Bruno Latour, der mit seiner Rede von den *inscription devices* zumindest auf die Bedeutung jenes Raums aufmerksam gemacht hat, der in der wissenschaftlichen

2 Vgl. Ruth Benschop, «What is a Tachistoscope? Historical Explorations of an Instrument», in: *Science in Context*, Vol. 11, Nr. 1, März 1998, S. 23–50.

3 Vgl. Hans-Jörg Rheinberger, «Putting Isotopes to Work: Liquid Scintillation Counters, 1950–1970», in: Bernward Joerges, Terry Shinn (Hg.), *Instrumentation Between Science, State and Industry*, Sociology of the Sciences Yearbook, Vol. 22, Kluwer, Dordrecht, 2001, S. 143–174.

4 Vgl. Peter Galison, *Image and Logic. A Material Culture of Microphysics*, The University of Chicago Press, Chicago, London, 1997. «This is a book about the machines of physics.» Ebd., S. xvii.

Praxis *zwischen* den Texten und den Dingen liegt. Mit Blick auf ebendiesen Zwischenraum erläutert Latour sein Verständnis der *inscription devices* als Instrumente: «Instrument (oder Einschreibevorrichtung) werde ich jeden Aufbau nennen, egal wie seine Größe, Beschaffenheit und Kosten sind, der irgendeine visuelle Anzeige in einem wissenschaftlichen Text hervorbringt.»[5]

Unabhängig von ihrer konkreten Beschaffenheit ist eine Einschreibevorrichtung (oder *inscripteur*, wie es im Französischen heißt) demnach diejenige Instanz, die uns von einer wissenschaftlichen Veröffentlichung zu dem zurückführt, was diese Veröffentlichung buchstäblich trägt – «[...] von den zahlreichen Ressourcen, die im Text mobilisiert werden, bis zu den noch zahlreicheren Ressourcen, die mobilisiert werden, um die visuelle Anzeige in den Texten zu bewerkstelligen»[6].

Die stummen Geräte, die in einem Labor zum Einsatz kommen, werden damit allerdings noch auf Distanz gehalten. Zwar enthält auch das Wort «Instrument» einen Hinweis darauf, dass die Dinge nicht nur schweigen, sondern gerade in ihrer Stummheit geeignet sind, uns zu «instruieren», also «in Kenntnis zu setzen», zu «unterweisen» oder eben

5 Bruno Latour, *Science in Action. How to Follow Scientists and Engineers through Society*, Harvard University Press, Cambridge, MA, 1987, S. 68; übersetzt aus dem Englischen von Henning Schmidgen.
6 Ebd., S. 69.

zu «beraten». Aber durch die Gleichsetzung von «Instrument» und «Einschreibevorrichtung» (dem von Latour bevorzugten Begriff) verschiebt sich der Fokus – einerseits von der Beratung durch die Dinge zu einer von Personen getroffenen Unterscheidung (denn das englische *device* geht auf das französische *devise* zurück, es bedeutet also eigentlich «Teilung», «Testament», «Absicht», «Plan») und andererseits vom Problem der konkreten Materialität zur Frage der visuellen Referenz. So bleibt auch unklar, wo in der Latour'schen Soziologie des Labors die akustischen Dimensionen der wissenschaftlichen Praxis aufgehoben sind, die in Bereichen wie der Radioastronomie oder der Neurologie eine enorme Rolle spielen.

Letztlich denkt Latour nämlich von Texten her. Auch deswegen muss für ihn die Verbindung zwischen der Abbildung in einer wissenschaftlichen Veröffentlichung und dem jeweils zugehörigen Raum des Wissens nicht durch Geräte vermittelt werden. Diese Vermittlung kann beispielsweise auch durch eine Verkettung von Zetteln, Bildern und Karten bewerkstelligt werden, wie es Latour mit Blick auf die Bodenforschung verdeutlicht hat.[7] Umgekehrt kann im Zweifelsfall sogar ein ganzes Segelboot, das mit dem Auftrag unterwegs ist, eine noch unbekannte

7 Vgl. Bruno Latour, «Der Pedologenfaden von Boa Vista. Eine photo-philosophische Montage», in: Hans-Jörg Rheinberger, Michael Hagner, Bettina Wahrig-Schmidt (Hg.), *Räume des Wissens. Repräsentation, Codierung, Spur*, Akademie Verlag, Berlin, 1997, S. 213–263.

Insel zu vermessen, als Instrument oder Einschreibevorrichtung fungieren.[8] Latours Soziologie geht es also nicht um Geräte per se. Im Vordergrund steht deren Rolle als Vermittler und Übersetzer.

Der hier aufscheinenden Schwierigkeit, den Dingen *als Dingen* (und nicht als Einschreibungen) näherzukommen, begegnet die Wissenschafts- und Technikforschung in jüngerer Zeit mit vergleichsweise ungewöhnlichen Maßnahmen. Statt sich auf einen intensiveren Dialog mit den museumsbasierten *instrument studies* einzulassen, statt zu versuchen, gemeinsam mit Technikhistorikern und Medienwissenschaftlern die Geräte in detaillierte Beschreibungen und überzeugende Argumentationen einzubinden, wird an die Dinge selbst Hand angelegt. So hat Latour den Raum des Museums betreten, um durch eine Reihe von Ausstellungen die materielle Kultur der Wissenschaft (sowie der Kunst und der Religion) gewissermaßen für sich sprechen zu lassen. Peter Galison wechselte dagegen zeitweise ganz ins Lager der Kunst über, etwa durch seine Filme oder durch sein bemerkenswertes Projekt mit William Kentridge auf der documenta 13.[9]

In der Tat sind es heute eher Kuratoren und Künstler, die über das Material und die Ausdrucksformen verfügen, die in der neueren Wissenschafts- und

8 Vgl. Latour 1987, S. 215ff.

9 Vgl. William Kentridge, Peter L. Galison, *The Refusal of Time / Die Ablehnung der Zeit*, Hatje Cantz, Ostfildern, 2011.

Technikforschung mit Slogans wie «Eigenleben des Experiments» oder «Geschichte der Dinge» immer wieder beschworen worden sind. Ob und wie sich entsprechende Installationen und Expositionen allerdings einen Weg in die wissenschaftlichen Diskurse bahnen, wird abzuwarten sein. Vielleicht bleibt es bei den abrupten Gesten, die zeigen, dass ein Gerät ein Gerät ist. Vielleicht ist es aber auch die vergleichsweise neue Disziplin der *Research-Creation*, die eine dauerhafte Brücke zwischen künstlerischen und wissenschaftlichen Praktiken schlagen wird.

Auf den Beistand der Theorie wird man sich bei diesem Brückenschlag leider nicht verlassen können. Die enorme Bedeutung der materialistischen Maschinenphilosophie von Gilles Deleuze und Félix Guattari für die heutige Wissenschafts- und Technikforschung ist bislang kaum erschlossen worden – vielleicht auch deshalb nicht, weil im zweiten Band von *Kapitalismus und Schizophrenie* der Begriff der Maschine durch den sicherlich beziehungsreicheren, aber auch weniger prägnanten Begriff des Gefüges, des *agencement*, ersetzt worden ist.[10]

Die Theorie des technischen Objekts, die von Gilbert Simondon vorgelegt wurde,[11] besticht zwar durch

10 Vgl. Gilles Deleuze, Félix Guattari, *Anti-Ödipus. Kapitalismus und Schizophrenie I* [frz. Original 1972], Suhrkamp, Frankfurt am Main, 1977; dies., *Tausend Plateaus. Kapitalismus und Schizophrenie* [frz. Original 1980], Merve, Berlin, 1992.
11 Vgl. Gilbert Simondon, *Die Existenzweise technischer* →

ihre empirische Auseinandersetzung mit dem Innenleben von Verbrennungsmotoren, Fernsehgeräten und Telefonapparaten, ist aber kaum von dem überaus spekulativen Projekt einer allgemeinen Theorie der Individuation zu trennen, an der allzu deutlich das optimistisch-harmonische Gepräge der 1950er-Jahre klebt.

Bleibt die Technikphilosophie Martin Heideggers. Ähnlich wie die Soziologie Latours ist sie ebenfalls nicht auf das Problem der Produktion ausgerichtet, sondern kreist um die Frage der Auslegung. Das Wort «Gerät» hat Heidegger in seinen Schriften allerdings gemieden. Fast möchte man sagen, er habe es absichtlich gemieden – zu offenkundig wäre sonst die Verbindung zwischen dem Zeug und der Sorge geworden, zu sehr hätte sich schon damit sein Hölderlin'sches Technikmantra aufgedrängt, dem zufolge dort, wo Gefahr ist, auch das Rettende wächst («Gerät» im Sinne von «Ratschlag» oder «Heil»).[12]

Auf diese Leerstelle indirekt hingewiesen zu haben ist das Verdienst des Philosophen Günther Anders. Schon die Techniktheorie des frühen Heidegger ist für Anders «pseudo-konkret». Das Zeug, von dem in *Sein und Zeit* (1927) die Rede ist, bilde immer nur eine «simple, übersehbare Funktionseinheit»

Objekte [frz. Original 1958], diaphanes, Zürich, Berlin, 2012.

12 Vgl. Martin Heidegger, *Die Technik und die Kehre* [1962], Neske, Pfullingen, 1982, S. 28.

zwischen einer einzelnen Person und einem einzelnen Werkzeug ab: «Aber wie steht es mit der Anwendung [...] auf heutige Geräte? ‹Erschließen› sich moderne Maschinen wirklich durch ihre Bedienung? [...] Die Entfremdung, die gerade durch die angeblich ‹aufschließenden› Geräte produziert wird, ist ihm [Heidegger] fremd.»[13]

Das ist die feine Ironie der Heidegger-Kritik von Anders: Im Namen des traditionell an die Welt des Haushalts gebundenen Worts «Gerät» wird bei ihm gegen die Haushaltszentrierung der Heidegger'schen Zeuganalysen polemisiert. Nach Anders können diese Analysen letztlich nur Gültigkeit für die Welt der «ländlichen Schusterwerkstatt» beanspruchen.

Im Gegenzug avanciert «Gerät» in Anders' technik- und medienphilosophischen Schriften zur Chiffre für jene Maschinen und Medien, die die gegenwärtige Gesellschaft prägen – und zwar buchstäblich, ganz im Sinne des fraglichen Wortes. Besonders in Die *Antiquiertheit des Menschen* wird «Gerät» zu dem Begriff, der auf präzise Weise die problematische Funktion der Unterweisung, der «Fürsorge» charakterisiert, die der gegenwärtigen Technik eigen ist: «Was uns prägt und entprägt, was uns formt und entformt, sind eben nicht nur die durch

13 Günther Anders, «Die Schein-Konkretheit von Heideggers Philosophie» [1948], in: ders., *Über Heidegger*, Gerhard Oberschlick (Hg.), Beck, München, 2001, S. 80.

die ‹Mittel› vermittelten Gegenstände, sondern die Mittel selbst, die Geräte selbst: die nicht nur Objekte möglicher Verwendung sind, sondern durch ihre festliegende Struktur und Funktion ihre Verwendung bereits festlegen und damit auch den Stil unserer Beschäftigung und unseres Lebens, kurz: uns.»[14]

Solche Überlegungen münden bei Anders nicht nur in den berühmt-berüchtigten Zuspitzungen seiner bewusst übertreibenden Philosophie. Sie setzen sich auch in einer Theorie des Bildes fort, die noch für die heutige Auseinandersetzung mit den *imaging technologies* als wichtig erscheint. Mit Anders lässt sich nämlich sagen, dass diese Technologien nicht nur den Raum, sondern auch die Zeit erfassen und durchdringen. So zielt das Fernsehen, das für Anders prototypische «Gerät», vor allem auf eine Synchronisierung zwischen der Abbildung und des von ihm Abgebildeten ab. Durch die technisch-mediale Herstellung des «Live», der Echtzeit, partizipiert das Gerät der Television an der übergreifenden Tendenz von Wirtschaft und Wissenschaft, die Welt zu «verbiedern» – das Entfernteste in nächste Nähe zu bringen, das Fremdeste als überaus vertraut erscheinen zu lassen und damit letztlich den Unterschied zwischen Lokalem und Globalem zu verwischen.

14 Günther Anders, *Die Antiquiertheit des Menschen. Über die Seele im Zeitalter der zweiten industriellen Revolution* [1956], Beck, München, 1988, S. 100.

Mit der Synchronisierung von Bild und Abbild kollabiert aber auch die Seinsweise, die dem Piktoralen eigen ist. Durch die Vergleichzeitigung rückt das Bild in eine Sphäre *zwischen* Sein und Schein. Günther Anders zufolge wird das Bild damit zu einem «Phantom», dessen Wirkungen auf unser Erfahren und Verhalten jedoch umso tiefgreifender sein können. Neben der Ausrichtung auf die vielsagende Stummheit einzelner Medien und Maschinen sind es diese Überlegungen, die es nahelegen, auf das schöne alte Wort «Gerät» zurückzukommen.

Zur Operativität eLABORierter Wissenschaftsbilder

Die Ausstellung *Maschinensehen* versammelt Dokumentationen zu technischen, medizinischen und naturwissenschaftlichen Datenerhebungsverfahren im beginnenden 21. Jahrhundert. Bei der funktionellen Magnetresonanztomografie, der Multispektralanalyse, der Virtopsy, der 3-D-Fotografie oder der Bathymetrie mittels Echolotmessung gewinnen Forscherinnen und Forscher ihre Informationen über ein mittelbares Verhältnis zu ihrem Untersuchungsgegenstand, gewissermaßen durch «Teledatenkollektoren». Was folgt daraus, wenn man auf direkten Kontakt mit seinem Untersuchungsobjekt verzichtet und sich notgedrungen oder gezielt für ein «optisches», «akustisches» oder anderswie messendes Tasten auf Abstand entscheidet?

Ken Goldberg – Medienkünstler und Professor an der University of Berkeley im Bereich der industriellen Ingenieurwissenschaft – prägte den Begriff der «Telepistemologie» und bezeichnete damit die Wissenschaft vom aus der Ferne erworbenen Wissen. Zugang, Agency, Autorität und Authentizität sind ihm zufolge die zentralen Themen in diesem Forschungsfeld.[1] Der Aspekt der Vermitteltheit bietet

1 Vgl. Ken Goldberg, «Introduction: The Unique Phenomenon of a Distance», in: ders. (Hg.), *The Robot in the Garden.* →

auch für die Frage nach Bildern und Bildgebungsverfahren etliche Ansatzpunkte, etwa im Hinblick darauf, ob Informationsgewinnung über eine Distanz letztlich immer heißt, allein den Gesichtssinn zu adressieren.[2]

In den 1980er-Jahren schrieb der französische Soziologe Bruno Latour, die Verschiebung von den anderen Sinnen zum Sehsinn sei eine Konsequenz aus der Situation des Unwissens.[3] Freilich ist ihm nicht entgangen, dass unsere Sinnesorgane ohne eine entsprechende technologische Aufrüstung viele Daten prinzipiell nicht gewinnen könnten, da unser gesamter Perzeptionsapparat schon rein physiologisch nicht imstande ist, alles zu erfassen. Es kommt vermehrt zum Mapping von Informationen von Phänomenen, die selbst keine topografisch-morphologischen Oberflächen aufweisen. Latour zielt mit seiner Aussage zur Verschiebung hin zum Gesichtssinn vielmehr auf die nicht zu überschätzende Rolle des *Vorliegens* ab. Bei Visualisierungen

Telerobotics and Telepistemology in the Age of the Internet, The MIT Press, Cambridge, MA, 2000, S. 3.

2 Daten werden im wissenschaftlichen Bereich auch anders umgesetzt, beispielsweise als Sonifikation. Vgl. hierzu Ergebnisse, die aus einer Kollaboration mit Sven Sahle, einem ehemaligen Mitarbeiter des ZKM, hervorgingen: Gerold Baier, *Rhythmus. Tanz in Körper und Gehirn*, Audio-CD von Sven Sahle und Gerold Baier, Rowohlt, Reinbek bei Hamburg, 2001.

3 Vgl. Bruno Latour, «Visualization and Cognition: Thinking with Eyes and Hands», in: Henrika Kuklick (Hg.), *Knowledge and Society. Studies in the Sociology of Culture Past and Present*, Vol. 6, JAI Press, Greenwich, CT, 1986, S. 8.

verstehe ich unter *Vorliegen* eine Kombination aus «Voraugenliegen» und «Zuhandensein». Bevor ich auf diesen Bezug zu Auge und Hand zurückkomme, sei erwähnt, dass viele Abhandlungen, die sich kritisch mit Wissenschaftsbildern auseinandersetzen, ihren Schwerpunkt auf deren Faktizität – auf die Tatsächlichkeit im Sinne eines Gemachtseins – legen.

Die Ausdrücke «Datenverarbeitung» und «Bildgebung» verschleiern nicht, dass Visualisierungen hochgradig konstruiert sind. In sie schreiben sich Standards ein, etwa kulturelle und historisch variable Darstellungskonventionen, Softwareeinstellungen oder Datenlimitierungen. Dass sich «Sehen» und «Wissen» seit jeher nicht sauber trennen lassen und der Anteil des Betrachters bzw. des Produzenten an den Darstellungen erheblich ist, formulierte der Kunsthistoriker Ernst Gombrich deutlich. Was er anhand des Unterschieds der Einschätzung während und nach einer Täuschung explizierte, kann auch vor dem Hintergrund von Differenzen im Wissensstand gedacht werden.

«Es kommt ja vor, daß unser Auge sich täuscht. Irgendein kleiner Gegenstand, der ganz nahe ist, kann wie ein Berg am fernen Horizont wirken oder ein vorbeiflatterndes Blatt Papier wie ein Vogel. Sobald wir bemerkt haben, daß wir einer Täuschung erlegen sind, ist es uns fast immer unmöglich, den Gegenstand weiterhin so zu sehen wie früher. Wären wir vor die Aufgabe gestellt, so einen Gegenstand zu malen, so müßten wir vor und nach unserer

Entdeckung der Täuschung ganz verschiedene Farben und Formen verwenden.»[4]

Es ist immer schon etwas Interpretiertes, das zur Darstellung kommt. Wie wir etwas auffassen, beeinflusst, wie wir es darstellen und wie wir damit umgehen. Die Situation verschärft sich, wo eine strikte Bezugnahme geboten ist (in den Wissenschaften) und wo der Untersuchungsgegenstand nicht direkt in Augenschein genommen werden kann. Im Rahmen ihrer Untersuchungen zu Arbeitsvorgängen in der zeitgenössischen Astronomie führten Ralf Adelmann und Jan Frercks den Begriff der «Datenbilder» ein, um der in der Praxis herrschenden temporären Ununterschiedenheit zwischen Bildern und Daten Rechnung zu tragen.[5] Diese Datenbilder zeichnen sich dadurch aus, dass sie der wissenschaftlichen Beobachtung des Forschungsgegenstands nicht nachgeordnet sind. Martina Heßler spricht in diesem Zusammenhang von der doppelten Unsichtbarkeit der digitalen Bilder der Naturwissenschaften. Diese Bilder visualisieren «[...] ein zweifach Unsichtbares: die unsichtbaren Phänomene einerseits, die zumeist gemessen werden, sowie die Algorithmen und unsichtbaren Daten-

4 Ernst H. Gombrich, «Rückblick», in: ders., *Kunst und Illusion. Zur Psychologie der bildlichen Darstellung* [engl. Original 1956], Phaidon, Köln, 1967, S. 432.

5 Vgl. Ralf Adelmann u. a., «Einleitung: Datenbilder und Bildpraxen», in: dies., *Datenbilder. Zur digitalen Bildpraxis in den Naturwissenschaften*, transcript, Bielefeld, 2009, S. 17.

sätze, die den digitalen Bildern zugrunde liegen, andererseits»[6]. Bei Datenbildern ist der visualisierte Gegenstand der Datensatz. Darüber hinaus ist die Software, die eine erste Rohfassung der Visualisierung automatisiert erstellt, oft derart komplex, dass das Bild seine Entstehungsbedingungen nicht mitzuvermitteln vermag.[7]

In diesen Fällen sind einerseits Instanzen der *Verdeutlichung* und andererseits Instanzen der *Überprüfbarkeit* gefragt. Bei Ersteren handelt es sich um Bild- und Datenbearbeitungsmaßnahmen zur Maximierung von Klarheit, Prägnanz und der Differenz zu typischen Artefakten, die oft als allzu regelmäßige oder geometrische Muster erkennbar sind. Mit Instanzen der Überprüfbarkeit sind Maßstäbe (Techniken oder Daten) gemeint, mit deren Ergebnissen eine weitere Informationsquelle in Einklang zu bringen sein muss, um verwendbar zu sein. In Abhängigkeit von der Art und dem Grad der Entrücktheit des Untersuchungsgegenstands dienen an dessen Stelle also Referenzmessungen als Bezugsgrößen, die – und seien sie noch so punktuell – «exakter» oder «näher am Phänomen» zu sein scheinen als Maßstäbe für andere Techniken.

6 Martina Heßler, «Von der doppelten Unsichtbarkeit digitaler Bilder», in: *zeitenblicke*, Vol. 5, Nr. 3, online: www.zeitenblicke.de/2006/3/Hessler/index_html, 20. 12. 2012.

7 Vgl. Jan Frercks, «Runs. Computersimulationen des Unsichtbaren am Max-Planck-Institut für Astrophysik», in: Adelmann u. a. 2009, S. 68.

Beim echografischen Verfahren zur Erfassung des Meeresgrunds stellen die Befunde von Bodenbohrungen die Abgleichmarken dar. Bei der Kartierung des Mars hingegen stehen die Laserdaten der US-amerikanischen Sonde «Mars Global Surveyor» (1996–2006) zur Verfügung, um die aus großer Entfernung aufgenommenen schwarz-weißen Fotografien zu überprüfen und zu justieren; die Laserwerte bieten zwar nur Stichproben an Höhenangaben der Marsoberfläche, für eine flächige Darstellung werden die Fehlstellen jedoch durch Interpolationen ergänzt.[8]

Wenn Dieter Mersch damit recht hat, dass Bilder die Gegenstände nur im Modus der Affirmation zeigen und nicht relativieren bzw. Hypothetisches nicht als solches ausweisen können: Was bedeutet es dann für die Forschenden wie auch allgemein erkenntnistheoretisch, wenn man für die Präsentation lückenhafter Daten trotzdem meist visuelle Darstellungen wählt? Offensichtlich ist damit doch genügend Vorteilhaftes gewonnen, beispielsweise Beweglichkeit. Der Aspekt der Beweglichkeit spielt auch bei den von Bruno Latour beschriebenen «Inskriptionen» eine Rolle. «Inskriptionen» sind erfundene Objekte, die sich dadurch auszeichnen, dass sie mobil, stabil, präsentierbar, lesbar und untereinander

8 Vgl. Ralf Adelmann, «Orbits. Visuelle Modellierungen der Marsoberfläche am Deutschen Zentrum für Luft- und Raumfahrt», in: Adelmann u. a. 2009, S. 23–64, insbesondere S. 44.

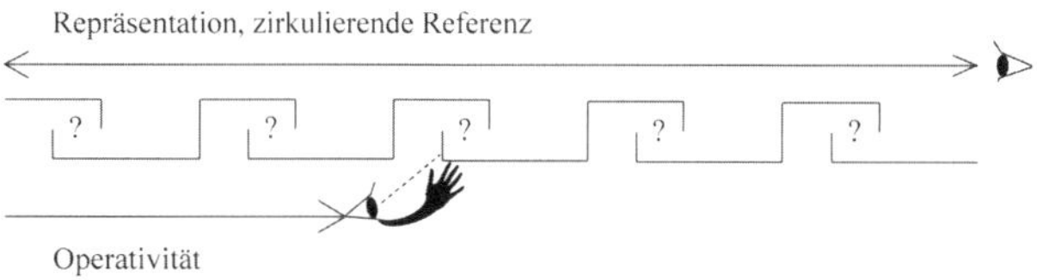

Veränderte Fassung des Latour'schen Schemas der zirkulierenden Referenz (Quelle: Verfasserin). Original: Bruno Latour, «Zirkulierende Referenz. Bodenstichproben aus dem Urwald am Amazonas», in: ders., *Die Hoffnung der Pandora. Untersuchungen zur Wirklichkeit der Wissenschaft* [engl. Original 1999], Suhrkamp, Frankfurt am Main, 2000, S. 85.

kombinierbar sind.[9] Dies hat mit Latours Konzept der «zirkulierenden Referenz» zu tun (vgl. Abb., oberer Bereich). Über eine Verweiskette diskontinuierlicher und daher «riskanter» Zwischenschritte möchte er ein dualistisches Repräsentationsmodell ersetzen, das den Graben zwischen einem Phänomen und seiner bildlichen und textuellen Repräsentation (etwa als Publikation) nicht überzeugend zu überbrücken vermag. Die wissenschaftliche Bezugnahme ist Latour zufolge nicht mit einem einzigen Korrespondenzbegriff (wie etwa «Ähnlichkeit», «Analogie» oder «Isomorphie») zu vereinheitlichen und zu erfassen. Die Empirie zeigt, dass eine Referenz dadurch zustande kommt, dass bei jedem Arbeitsschritt ein kleiner Bruch entsteht, aber Anknüpfungspunkte gewährleistet werden. Nicht ein einzelnes Artefakt kann die Bürde der Repräsentation tragen, sondern nur die Verweiskette als Ganzes. Entlang dieser Verweis-

9 Vgl. Latour 1986, S. 7.

kette zirkuliert die Referenz, wenn jedes Glied für eine Überprüfung zur Verfügung steht. «Wichtig ist, daß diese Kette *reversibel* bleibt. Die Nachvollziehbarkeit der Schritte muß es im Prinzip erlauben, sie in beiden Richtungen auszuführen.»[10]

Latour selbst gibt entscheidende Hinweise darauf, dass die Situation nicht ganz so symmetrisch funktioniert, wie es der Ausdruck der «Reversibilität» nahelegen mag. Er schreibt: «Immer sehen wir nur eine kontinuierliche Reihe von ineinandergeschachtelten Elementen, deren jedes die Rolle eines Zeichens für das vorangehende und die eines Dings für das nachfolgende Element spielt.»[11] Die Elemente – Latour nennt sie an anderer Stelle «transversale Objekte» und «Ausrichtungsoperatoren»[12] – werden rückblickend als Zeichen (oder Form), vorausschauend als Ding (oder Materie) behandelt. Dies ist zentral. Im Rückblick und von einer erhöhten Warte aus gelingt es, die vielen kleinen Umbrüche als sich aneinanderreihende Handlungen des Vermessens, Sammelns, Kartierens, Abstrahierens, Auswählens, Klassifizierens und Nummerierens hinreichend zu benennen.

10 Bruno Latour, «Zirkulierende Referenz. Bodenstichproben aus dem Urwald am Amazonas», in: ders., *Die Hoffnung der Pandora. Untersuchungen zur Wirklichkeit der Wissenschaft* [engl. Original 1999], Suhrkamp, Frankfurt am Main, 2000, S. 85.
11 Ebd., S. 70.
12 Vgl. ebd., S. 82.

Die in Latours Referenzsystem implizierte Symmetrie ist aus einer retrospektiven Perspektive plausibel, aber diese Situation unterscheidet sich wesentlich von jener, bei der der Wissenschaftsforscher in dieselbe Richtung blickt wie der Wissenschaftler selbst, der versucht, in die Zukunft auf das noch zu Findende hin zu denken und zu handeln. Solange der jeweils nächste kleine Schritt noch nicht bewältigt ist, gestaltet sich die Situation wesentlich komplexer und undurchschaubarer. Infolgedessen wird man sich mit allem zu behelfen versuchen, womit man nur kann. Allgemeine Orientierung bieten dabei im Wissenschaftskontext Konsistenzannahmen und sodann weitere disziplin- oder laborspezifische Richtlinien bzw. Fragestellungen; letztlich hat man aber nur viele mögliche Zutaten zur Verfügung, jedoch kein Rezept[13], um sich einen Weg zu bahnen. Das Herumprobieren erfolgt unter Einbezug des Naheliegendsten, dessen, was man sich aufwendig und voraussetzungsvoll vor Augen gestellt und in die Hände gespielt hat, insbesondere in Fällen, bei denen sich der Untersuchungsgegenstand erst über Bildhaftes konstituiert.

Auch der externe analytische Zugang des Wissenschaftsforschers, der verstehen möchte, wie Entscheidungen für die nächsten anstehenden

13 Vgl. Marcel Boumans, «Built-In Justification», in: Mary S. Morgan, Margaret Morrison (Hg.), *Models as Mediators. Perspectives on Natural and Social Sciences*, Cambridge University Press, Cambridge, MA, New York, 1999, S. 66–96, insbesondere S. 91–93.

Umformungen getroffen werden können, kann profitieren, wenn der Fokus auf die operative Komponente gelenkt wird. Typische Fragen könnten dann lauten: Wenn die Repräsentation laut Latour rein in der Kette der Verweisung liegt, nicht in der einzelnen Darstellung – und dafür spricht wirklich einiges –, wie kann der Wissenschaftler dann fragestellungs- und gegenstandsbezogen über das nächste Vorgehen entscheiden? Inwiefern müsste er den makroskopischen Zusammenhang antizipieren, um einen «mikroskopischen» Eingriff an einem konkreten (Daten-)Material vornehmen zu können? Die zur Verfügung stehenden bzw. *vorliegenden* Materialien und Datensätze bieten durch ihre Modellierbarkeit eine wichtige, aber oft unterschätzte Rolle.

Bilder und Modelle haben einiges gemeinsam. Beide werden auf ihren Repräsentationscharakter, ihre Überzeugungskraft sowie auf ihre Rolle im Prozess des Erkenntnisgewinns hin geprüft. Beide stehen hinsichtlich ihrer konkreten Bedeutungen und Funktionen im Spannungsfeld zwischen Repräsentativität (etwas abbildend) und Produktivität (etwas ermöglichend). Die Wissenschaftshistorikerin Evelyn Fox Keller benannte die heuristisch getrennten Pole dieses Spannungsfelds im Rahmen der Modelltheorie als «models of» und «models for».[14] Interessant

14 Vgl. Evelyn Fox Keller, «Models Of and Models For: Theory and Practice in Contemporary Biology», in: *Philosophy of Science*, Vol. 67, Supplement, Proceedings of the 1998 Biennial Meetings of the Philosophy of Science Association, Part II: Symposia Papers, September 2000, S. S72–S86.

sind diese eigens erstellten Artefakte, weil sie als Instrumente dem Dargestellten zugewandt sind: Man arbeitet zugleich mit ihnen und an ihnen. Die Seite des «Modell-für-Seins» nimmt Modelle (und Bilder) dahingehend in den Blick, wie sie operativ genutzt werden (können), wie sie Handlungsräume eröffnen. Inwiefern müssen Bildwelten etwas repräsentieren, um für den jeweiligen Bereich sinnvoll operativ zu sein?

Latour würde vielleicht umgekehrt fragen: Inwiefern müssen Bildwelten operativ (anschlussfähig) sein, um etwas zu repräsentieren? Wenn nun Latour mit seinem Schema der zirkulierenden Referenz einen Vorschlag zur Klärung der epistemologischen Frage der Referenz in den Wissenschaften unterbreitete, so kann man sich fragen, wie das operative Pendant dazu aussehen könnte. Während des Forschungsprozesses selbst können sich Situationen ergeben, in denen Raster, Routinen und Konventionen für die Lösung einer Aufgabe nicht hinreichend sind. Dann sollte man dasjenige genauer betrachten, was vorliegt, und untersuchen, wie es vorliegt. Die Operativität der Inskriptionen kann dazu dienen zu erklären, wie etwas zu Erfindendes «gefunden» werden kann.

Das Bild als Killer-App

Mit der Überschrift «Not picture-perfect» betitelte die Zeitschrift *Nature* im Jahr 2006 ein Editorial, in dem neue Richtlinien vorgestellt wurden, die künftig die Formen digitaler Bildbearbeitung stärker reglementieren sollten, wenn Autorinnen und Autoren ihre wissenschaftlichen Ergebnisse zur Publikation einreichen: Die Bilder sollten die experimentell erhobenen Daten möglichst objektiv und integer «repräsentieren».[1] Die Verlautbarung neuer *image integrity and standards* stellte eine Reaktion auf jüngere Fälle von allzu schönen und perfekten Bildern dar, an denen sich gezeigt hatte, dass es mit dem Ideal wissenschaftlicher Objektivität nicht so weit her war, sobald leicht verfügbare und verführerisch einfach handhabbare digitale Bildgebungs- und Bildbearbeitungsverfahren im Spiel waren. Software versetzte ihre Nutzerinnen und Nutzer in die Lage, aufgezeichnete Messungen und quantitative Daten sichtbar und dann bildlich bearbeitbar zu machen – als ob die digitale Maschine die zuvor versteckten Phänomene «sehen» würde.

1 «Not Picture-Perfect», in: *Nature*, Bd. 439, Nr. 7079, 23.02.2006, S. 891–892. Zu den Richtlinien vgl. «Image Integrity and Standards [Nature Editorial Policies]», online: www.nature.com/authors/policies/images.html, 21.12.2012. Zur Bildlichkeit in Nature vgl. Horst Bredekamp, «‹Nature› über ‹Pictures›», in: *Gegenworte. Hefte für den Disput über Wissen*, Heft 20, Herbst 2008, S. 83–85.

Während in Publikationen wie *Nature* ganz in diesem Sinne eine eindeutige Kongruenz von experimentellen Daten und Bildern gefordert wird, wurde dieses direkte Abbildungsverhältnis, das gerade mit dem Repräsentationsbegriff unterstellt wird, für die Erklärung der Genese von Wissen vonseiten der Wissenschaftsforschung und der kunsthistorischen Bildforschung längst hinterfragt und über Bord geworfen. Wissen entstehe demnach vielmehr in vielstufigen epistemischen Prozessen und «Ketten», innerhalb derer die einzelnen Schritte gerade von Eingriffen und Transformationen bis hin zu Brüchen gekennzeichnet sind – womit auch der digitalen Bildgebungstechnologie als lediglich *einem* Teil solcher Prozesse eine *direkte*, abbildende Sehkraft abgesprochen wurde.[2] Am öffentlichkeitswirksamen Ende dieser Erkenntnisprozesse suggerieren die digitalen Bilder der Nanotechnologie hingegen unverdrossen pseudorealistische Objektivität oder erlangen Neurobilder den Status von fetischisierten Marken.[3] Die schillernden digitalen

2 Vgl. hierzu Bruno Latours Beitrag in diesem Band, S. 31–37; vgl. Bruno Latour, «Der ‹Pedologen-Faden› von Boa Vista – eine photo-philosophische Montage», in: Bruno Latour, *Der Berliner Schlüssel. Erkundungen eines Liebhabers der Wissenschaften*, Akademie Verlag, Berlin, 1996, S. 191–248. Vgl. Horst Bredekamp, Gabriele Werner (Hg.), *Bilder in Prozessen, Bildwelten des Wissens: Kunsthistorisches Jahrbuch für Bildkritik*, Bd. 1, Nr. 1, Akademie Verlag, Berlin, 2003.

3 Vgl. hierzu Jochen Hennig, *Bildpraxis. Visuelle Strategien in der frühen Nanotechnologie*, transcript, Bielefeld, 2011; Michael Hagner, «Das Hirnbild als Marke», in: Horst Bredekamp, Gabriele Werner, Matthias Bruhn (Hg.), *Ikonografie des Gehirns, Bildwelten des Wissens: Kunsthistorisches Jahrbuch für Bildkritik*, →

Visualisierungsformen sind jedoch keinesfalls eindeutig evident, was ihren epistemischen Status anbelangt.

Für die Frage, wie Bilder, Sichtbarkeit und digitale Technologie zusammenspielen, um Wissen zu erzeugen, zeichnen sich historisch unterschiedliche Lesarten und Erklärungsversuche dieses Verhältnisses ab. Während sich heute gelegentlich eine Divergenz zwischen Wissenschaftstheorie und -praxis – wie im Falle von *Nature* – auftut, ergeben sich in Argumenten zur Bildlichkeit an anderer Stelle bemerkenswerte Koinzidenzen zwischen Theorie und Praxis, zieht man die populäre historische Bildtechnologie mit in Betracht, die sich mittlerweile ubiquitär in mit PCs ausgestatteten Laboren befindet. Als im Verlauf der 1980er-Jahre Wissenschaftsforscherinnen und Wissenschaftsforscher vermehrt die Rolle von Praktiken und in der Folge auch von Bildern in der experimentellen Wissensgenese zu untersuchen begannen, geschah dies parallel zur Popularisierung digitaler Technologie und zum Aufstieg des Computers zum Massenmedium.[4] Die

Bd. 6, Nr. 1, Akademie Verlag, Berlin, 2008, S. 43–51. Zur Kritik der Repräsentation vgl. auch Hans-Jörg Rheinberger, Michael Hagner, Bettina Wahrig-Schmidt (Hg.), *Räume des Wissens. Repräsentation, Codierung, Spur*, Akademie Verlag, Berlin, 1997.

4 Vgl. Ian Hacking, *Representing and Intervening. Introductory Topics in the Philosophy of Natural Science*, Cambridge University Press, Cambridge, 1983; Bruno Latour, «Visualization and Cognition. Thinking with Eyes and Hands», in: *Knowledge and Society. Studies in the Sociology of Culture Past and Present*, Bd. 6, 1986, S. 1–40. Zur digitalen Bildgebung vgl. →

Verbreitung des Computers basierte dabei nicht nur auf seiner praktischen Verbildlichung (zum Beispiel durch Interaktion mittels grafischer Benutzeroberflächen), sondern seine Macher brachten gleichzeitig auch theoretische Argumente vor, wie die Verknüpfung von Bildlichkeit und menschlichem Sehsinn dazu beiträgt, dass Wissen entsteht: Kurzum, Formen und Theorien visuellen Denkens verhalfen dem Computer zu seinem massenmedialen Durchbruch.[5]

In zahlreichen Broschüren und Werbemaßnahmen wurden seit Beginn der 1980er-Jahre die Vorzüge von Desktopcomputern für die Erledigung bestimmter Aufgaben hervorgehoben. Dabei war die Transformation von numerischen Daten in visuelle Form ein zentrales Argument, das mit Slogans wie «As you know, one picture is worth a few thousand numbers»[6] beworben wurde. Mit einfach erlernbaren Programmen sollte es gelingen, «to turn a sea of

Michael Lynch, Samuel Y. Edgerton Jr, «Aesthetics and Digital Image Processing: Representational Craft in Contemporary Astronomy», in: Gordon Fyfe, John Law (Hg.), *Picturing Power. Visual Depiction and Social Relations*, Routledge, London, 1988, S. 184–220.

5 Vgl. hierzu Margarete Pratschke, *Windows als Tableau. Zur Bildgeschichte grafischer Benutzeroberflächen*, 2013, in Vorbereitung.

6 Apple, «Not all business graphics are alike. And we've got the pictures to prove it.» Doppelseitige Werbeanzeige für Apple Business Graphics, in: *Compute!*, Bd. 4, Nr. 3, 1982, S. 12–13.

data into data you can see»[7]. Die digitale Maschine sollte dabei helfen, Datenmengen auszuwerten und sichtbar zu machen.

Die erfolgreichste populäre Anwendung dieser frühen Ära von «PCs», die noch mithilfe von Kommandozeilen bedient werden mussten, bildete das erste Tabellenkalkulationsprogramm. Es kam im Jahr 1979 unter dem Namen «VisiCalc» auf den Markt und gilt bis heute als erste sogenannte Killer-Application.[8] Unter einer Killer-App wird eine (Software-) Anwendung verstanden, die eine Funktion bietet, die von Nutzerinnen und Nutzern so geschätzt und begehrt wird, dass diese bereit sind, dafür eine spezifische bereits existierende, meist viel kostspieligere Hardware zu kaufen. Eine solche Anwendung ist in der Lage, alle anderen Hardware-Anbieter aus dem Wettbewerb zu schlagen und eine technologische Plattform zum Standard werden zu lassen. Im Falle von VisiCalc bedeutete dies, dass die noch kleine Computerfirma Apple den Grundstein zu ihrem Welterfolg legen konnte, da VisiCalc zunächst nur auf dem Apple II lief und das Programm für den Finanzsektor über Nacht zum unverzichtbaren

7 Ebd.

8 Zu VisiCalc vgl. Martin Campbell-Kelly, «VisiCalc and the ‹Killer App› Hypothesis», in: ders., *From Airline Reservations to Sonic the Hedgehog. A History of the Software Industry*, The MIT Press, Cambridge, MA, London, 2003, S. 212–214; ders., «The Rise and Rise of the Spreadsheet», in: ders. u. a. (Hg.), *The History of Mathematical Tables. From Sumer to Spreadsheets*, Oxford University Press, Oxford, New York, 2003, S. 323–361.

Instrument wurde. Denn mit VisiCalc war es möglich, Finanzberechnungen in kürzester Zeit auszuführen, da es Parameter in Tabellenform manipulierbar machte, was zuvor nur mühsam analog gelang. Mit grünen Ziffern, Schrift und Balken auf schwarzem Grund ordnete VisiCalc die Fläche des Displays zur interaktiven Tabelle.

Bei den Erklärungsversuchen, warum VisiCalc zur Killer-App wurde, ist bislang übersehen worden, was das Programm – abgesehen von seiner rechnerischen Funktionalität – so unwiderstehlich machte. Lediglich in einem zeitgenössischen Technik- und Investitionsnewsletter wurde angesichts der Preview des Programms die damals wohl verblüffendste Eigenschaft auf den Punkt gebracht: «Though hard to describe in words, *VisiCalc* comes alive visually.»[9] Obwohl noch völlig rudimentär, war es gerade die *Visualität* des Programms, die einen maßgeblichen Anteil an seiner Faszination und an seinem Erfolg hatte. Einer breiten Masse an Userinnen und Usern wurde die Möglichkeit gegeben, die Fläche des Displays als *Bildfläche* zu begreifen, auf der die einzelnen funktionalen Elemente sinnhaft verteilt und angeordnet waren. Die spezifische Art der visuellen Anordnung auf dieser Fläche gestattete einen sinnstiftenden Überblick, eine Form

9 Benjamin M. Rosen, «VisiCalc. Breaking the Personal Computer Software Bottleneck», in: *Morgan Stanley Electronics Letter*, 11.07.1979, S. 1.

visueller Erkenntnis. VisiCalc machte die Tabelle interaktiv und den Bildschirm zum Tableau, das auf einen Blick erfassbar war.

In der synoptischen Zusammenschau identifiziert der Wissenschaftssoziologe Bruno Latour ein Prinzip, das einen entscheidenden Hinweis darauf gibt, die Frage zu klären, wie «man vom Nichtwissen zum Wissen, von der Schwäche zur Stärke, von der Unterlegenheit zur Beherrschung der Welt durch den Blick»[10] gelangt. Sobald innerhalb einer langen Kette an Arbeitsschritten eines wissenschaftlichen Experiments oder einer Forschungsarbeit ein «synoptisches Tableau»[11] entstanden ist – sei es als Diagramm, als Tabelle oder als Übersicht ausgewählter Materialien auf einem Tisch –, folge für den Blick die «neue Erkenntnis [...] wie von selbst»[12]. Allerdings ergibt sich diese Erkenntnis nicht unmittelbar, etwa in der Umsetzung von der Datenerhebung direkt in ein Bild, sondern in einer Kaskade an Transformationen. Und das Tableau spielt dabei eine entscheidende Rolle. Mittels des Tableaus lassen sich Elemente kombinieren, arrangieren und so lange «auslegen [...], bis ein *pattern* [...] entsteht, das noch keiner je gesehen hat»[13]. Das Zusammenspiel von Blick und synoptischem Tableau, von Blick und Überblick, stiftet die Erkenntnis. Und in

10 Latour 1996, S. 196.
11 Ebd., S. 203.
12 Ebd., S. 204.
13 Ebd.

der wissensstiftenden Wirkung des synoptischen Tableaus scheint die frühe Killer-App VisiCalc dem Erklärungsprinzip von Wissensprozessen in nichts nachzustehen.

Latours Privilegierung des Blicks als Faktor in wissenschaftlichen Erkenntnisprozessen fällt zeitlich mit jenem Primat des visuellen Denken zusammen, das ab den 1980er-Jahren erste kommerzielle Früchte auf dem Markt digitaler Technologie trug, nachdem es bereits in den 1970er-Jahren als Theoriemodell eines Teils der *computer science* gedient hatte.[14] Der Xerox Star war 1981 der erste kommerzielle Minicomputer, der mit einer umfassenden grafischen «WIMP»-Benutzeroberfläche, mit Windows, Icons, Menues und Pointers, ausgestattet war. Im Interfacedesign des Star kulminierten Vorstellungen visuellen Denkens und wurde das Prinzip der «Sichtbarkeit» nahezu verabsolutiert in die Praxis umgesetzt: «A well-designed system makes everything relevant to a task visible on the screen. [...] When everything being dealt with in a computer system is visible, [...] [t]hinking becomes easier and more productive. A well-designed computer system can actually improve the *quality* of your thinking.»[15] Die Entwickler des Star gingen nicht nur davon aus, dass Denken visuell

14 Vgl. Latour 1986.
15 David C. Smith, Charles Irby, Ralph Kimball, William Verplank, Eric Harslem, «Designing the Star User Interface», in: *Byte*, Bd. 7, Nr. 4, 1982, S. 242–282, online: www.guidebookgallery.org/articles/designingthestaruserinterface, 21. 12. 2012.

funktioniere, sondern folgerten daraus, dass sich die Produktivität des Denkens durch Sichtbarkeit verbessern lasse. Damit hinterließ ein umfassender Diskurs um das visuelle Denken und eine Rezeption von Theorien Rudolf Arnheims eine unhintergehbare Spur in den Produkten grafischer Benutzeroberflächen der 1980er-Jahre.[16] Schlossen sich digitale Maschine und Wahrnehmung am Ende doch nicht völlig aus? Waren sie nur zwei Seiten ein und derselben Medaille?

Der Psychologe und Kunstwissenschaftler Arnheim hat stets die epistemische Kraft von Bildlichkeit und visueller Wahrnehmung vehement gegen Modelle verteidigt, die sprachliche oder numerische Verfahren zur Erklärung von Erkenntnisprozessen zu bevorzugen suchten. Er brachte seine Auffassung sinnlicher Erkenntnis 1954 in die prägnante, nahezu poetische Formulierung: «Das Sehen ist keineswegs nur ein mechanisches Aufzeichnen von Sinneseindrücken; es erwies sich vielmehr als ein echt schöpferisches Begreifen der Wirklichkeit – fantasievoll, erfinderisch, gescheit und schön. [...] Alles Wahrnehmen ist auch Denken, alles Denken ist auch Intuition, alles Beobachten ist auch Erfinden.»[17]

16 Vgl. Margarete Pratschke, «Die grafische Benutzeroberfläche als Bild. Zur Rezeption von Rudolf Arnheim und Ernst Gombrich in der Computer Science der 1970er Jahre», in: *kritische berichte*, Heft 4, 2009, S. 54–63.

17 Hier zitiert nach der deutschen Übersetzung: Rudolf Arnheim, *Kunst und Sehen. Eine Psychologie des schöpferischen Auges* [engl. Original 1974], de Gruyter, Berlin, New York, 2000, S. 6.

Wenn Arnheim aufgrund seines Konzepts der konstruktiven Intelligenz des Sehens in der Computerwissenschaft rezipiert wurde, ist dies umso erstaunlicher, als Arnheim Computern eine solche Fähigkeit zur visuellen Erkenntnis in seinem Band *Visual Thinking* von 1969 rundum absprach.[18] Trotz aller «praktische[n] Tüchtigkeit» von Computern stelle sich das «bloß mechanische Aufreihen aller möglichen Beziehungen», mit dem der Computer verfahre, als «intellektuell minderwertig» dar.[19] Arnheim misstraute Computern regelrecht, da diese nicht sehen könnten und ihnen die Fähigkeit zur «Einsicht» fehle. Er spitzte den fundamentalen Unterschied zwischen Computern und «einem intelligenten Lebewesen» darauf zu, dass der Computer zwar «sehen kann, aber nicht wahrnehmen»[20]. Die Differenz zwischen bloßem *seeing* und erkenntnisstiftendem *perceiving* lag für ihn darin, dass die Maschine «unfähig ist, Formstrukturen spontan zu erfassen – eine wesentliche Eigenschaft aller Wahrnehmung und Intelligenz»[21].

Basierend auf gestaltpsychologischen Prämissen, bildete dieses spontane «Erfassen von Struktureigenschaften» für Arnheim das zentrale Argument

18 Rudolf Arnheim, *Visual Thinking*, University of California Press, Berkeley, CA, 1969. Vgl. die jüngste deutsche Fassung: Rudolf Arnheim, *Anschauliches Denken. Zur Einheit von Bild und Begriff*, DuMont, Köln, 1996.
19 Ebd., S. 82.
20 Ebd., S. 78.
21 Ebd.

seines Konzepts, in dem stets vom visuellen Ganzen auf seine Teile hin geschlossen wurde.[22] Und dieses Prinzip mache den gravierendsten Unterschied zwischen menschlicher Wahrnehmung und Maschine aus: «Die Gestaltpsychologie nennt dies [das visuelle Erfassen von Struktureigenschaften, Anmerkung der Autorin] das Verfahren ‹von oben›, das heißt, vom Ganzen her zu den Teilen. Statt dessen gehen unsere heutigen Schnellrechner [Computer, Anmerkung der Autorin] ‹von unten› her vor. Sie beginnen mit den Elementen und deren möglichen Kombinationen, und dabei bleibt es. Außerdem kann sich die Maschine über jedes Element nur in binarischer Form äußern, das heißt, sie kann nur ja oder nein sagen, schwarz oder weiß, oder was immer man dieser Zweiheit an Bedeutung unterlegen will.»[23] Für Arnheim stand außer Frage, dass mit dem quantifizierenden Auszählen und dem Operieren in den Zuständen 0 und 1 die Fähigkeit des menschlichen Blicks nicht einholbar sei. Maschinen können nicht «sehen», da sie nicht zu jenem synoptischen Blick in der Lage sind, der die visuellen Schritte in Wissensprozessen genauso ausmacht, wie er jede digitale Bildtechnologie zu einer Killer-App werden lässt, die nach diesem visuellen Prinzip verfährt.

Wenn man mit Rudolf Arnheim immer noch schließen kann, dass Maschinen nicht sehen können,

22 Vgl. ebd.
23 Ebd.

dann hat sich der Status von Bildlichkeit, die den synoptischen Blick und damit Wissen ermöglicht, aufgrund ihrer digitalen Ausprägung vielleicht aber doch verändert. Sie ist ubiquitär geworden. Um ihre digitale Rolle in den Wissenschaften zu erklären, könnten sich Prinzipien wie jenes der Killer-App auch methodisch als hilfreich erweisen. Versteht man darin mehr als eine trendige Formulierung, wie dies jüngst der Historiker Niall Ferguson getan hat, um bestimmte Themen für die globale Machtausweitung westlicher Zivilisation verantwortlich zu machen,[24] dann gilt es ernst zu nehmen, dass Bildlichkeit die zentrale Eigenschaft des historischen Konzepts «Killer-App» bildete. Im übertragenen Sinne ist Bildlichkeit also in der Lage, andere Plattformen des Wissens zu verdrängen. Angesichts des heutigen Verbreitungsgrads global standardisierter, digitaler Bildtechnologie könnte sich erweisen, dass Bilder nicht nur einzelne Teile einer Kette sind, sondern Bildlichkeit zunehmend die kontinuierliche Infrastruktur für Wissensgenese schlechthin ausmacht.

24 Vgl. Niall Ferguson, *Civilization. The Six Killer Apps of Western Power*, Penguin Books, London, 2012.

Entscheiden mit drei Tesla

GLORIA

Operative Kartografie

Sonar

Virtopsy

Vollautomatisches Melken

Entscheiden mit drei Tesla

Regie, Schnitt: Elke Reinhuber
Kamera: Carsten Eggers, Sebastian Pelz
Ton: Lisa Bergmann, Susan Funk,
Felix Mittelberger, Sebastian Pelz
Mischung: Sebastian Pelz

Drehort: Freie Universität Berlin
Drehzeit: 2012
Technik: HD-Video, 16:9, Farbe, stereo
Länge: 20 Min.

Institution: Dahlem Institute for Neuroimaging of Emotion (D.I.N.E.), Freie Universität Berlin

Bildgebungsverfahren: Siemens Tim Magnetom Trio (3T) (Magnetresonanztomograf)

Mitwirkende im Film: Prof. Dr. Malek Bajbouj, Dr. Felix Blankenburg, Prof. Dr. Hauke Heekeren, Prof. Dr. Arthur Jacobs, Dr. Peter Mohr

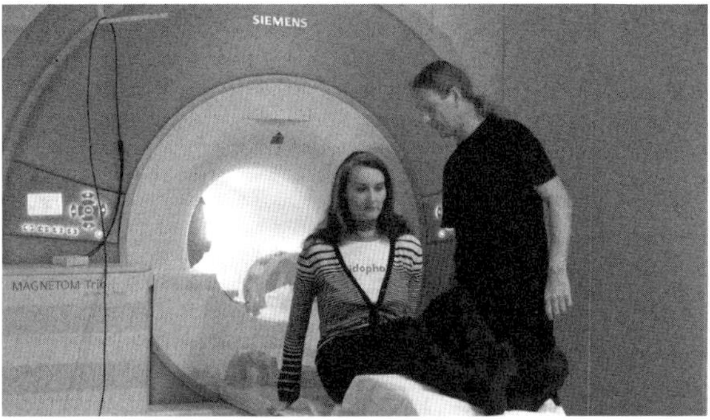

A

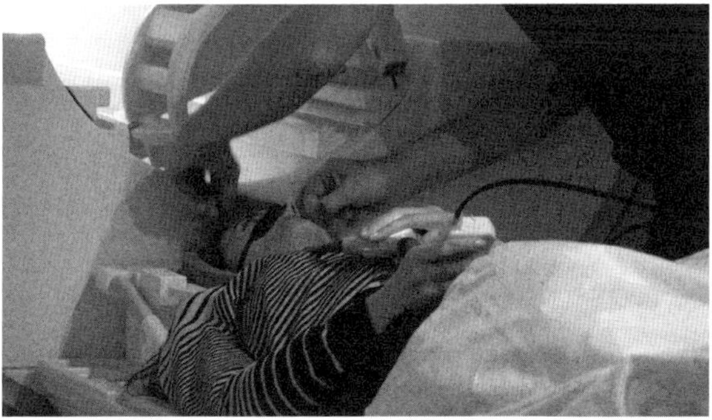

B

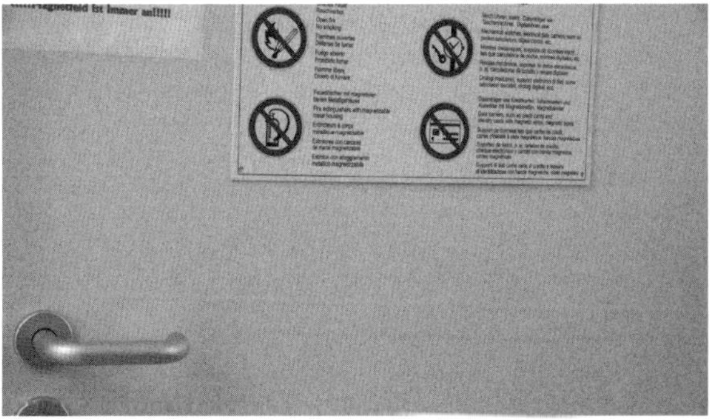

C

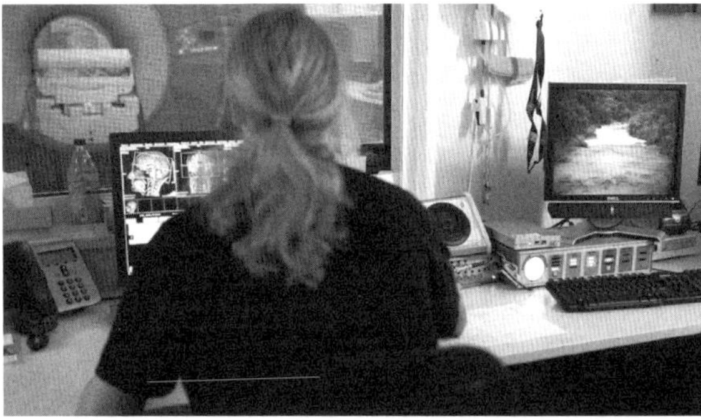

D

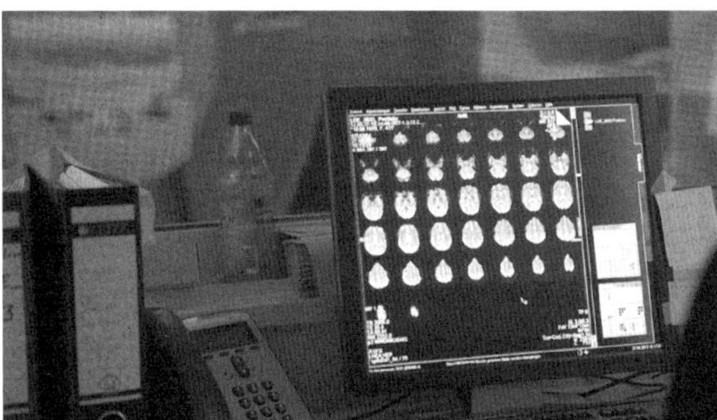

E

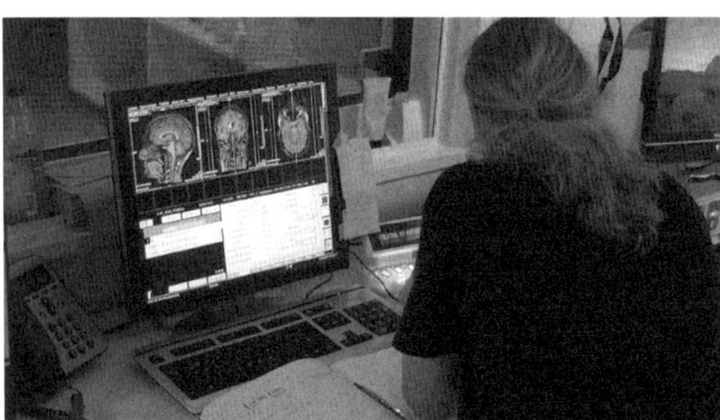

F

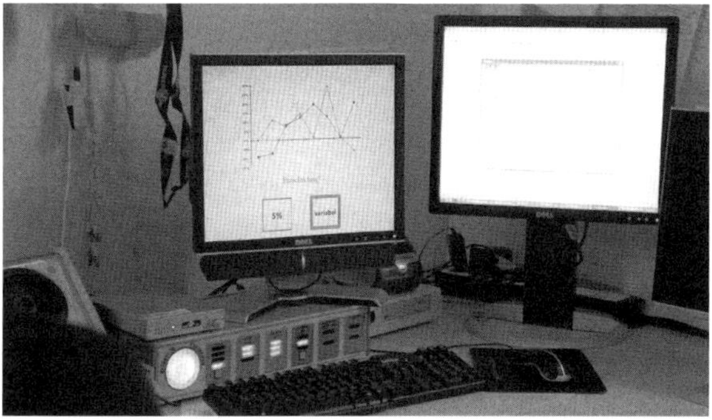

G

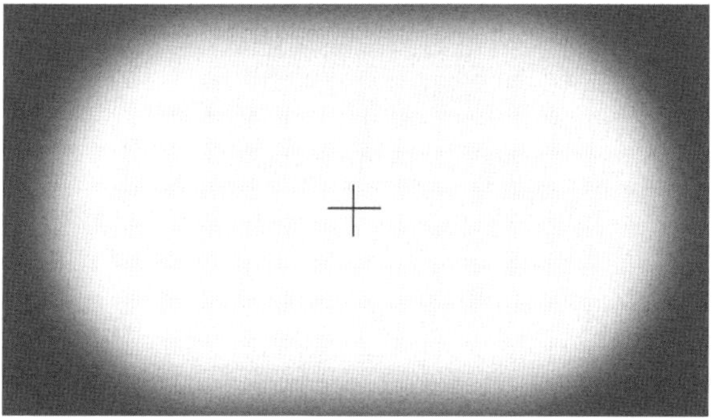

H

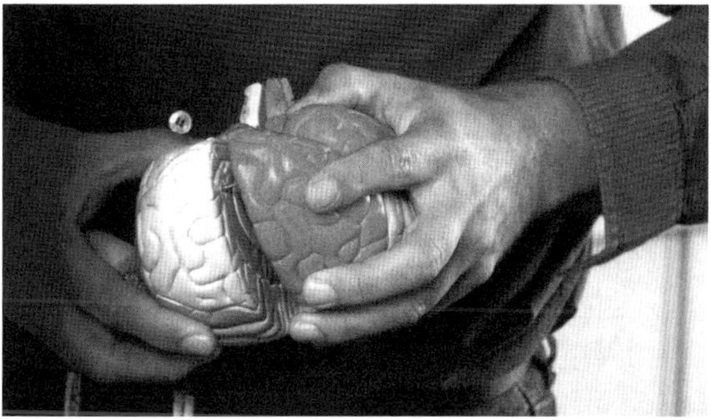

I

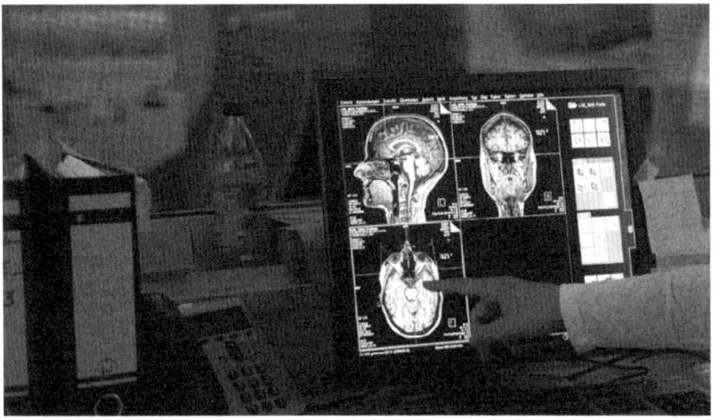

J

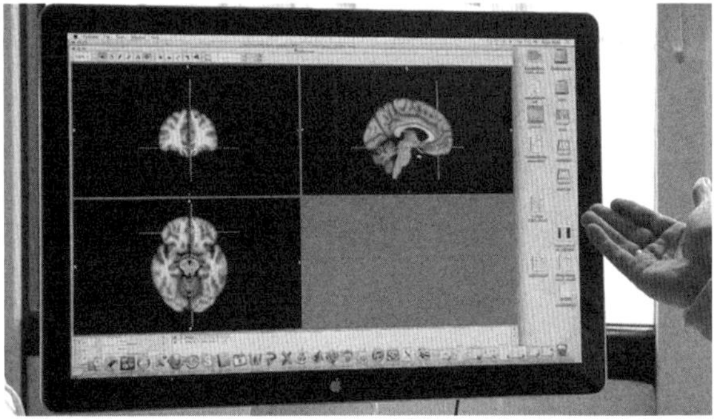

K

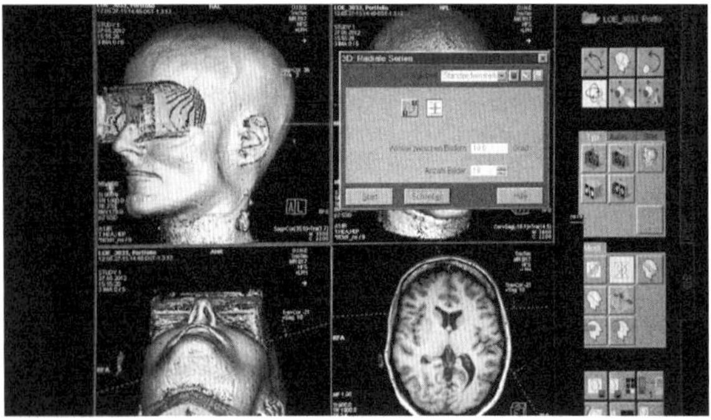

L

A Elke Reinhuber wird für die Untersuchung im Magnetresonanztomografen am Dahlem Institute for Neuroimaging of Emotion (D.I.N.E.) vorbereitet

B Der Kopf der Probandin wird stabilisiert. In der einen Hand hält sie einen Schalter, um die Fragen zu beantworten und in der anderen einen Knopf, um bei unvorhergesehen Ereignissen die Außenwelt kontaktieren zu können

C Der Hirnscanner arbeitet mit einem Magnetfeld von drei Tesla und befindet sich deshalb, durch einem Kupferkäfig abgeschirmt, hinter einer schweren Metalltür

D Während der Messungen werden der Probandin über eine Videobrille Bilder gezeigt, die gleichzeitig auf dem Kontrollmonitor im Labor zu sehen sind

E Alle zwei Sekunden wird eine Aufnahme mit 36 Schnitten durch das Gehirn gemacht, jedes Voxel ist 4 x 4 x 4 Millimeter groß und zeigt die Aktivität des Blutflusses

F Durch ein Sprechsystem können die Wissenschaftler mit der Versuchsteilnehmerin in der Röhre kommunizieren

G Auf dem Bildschirm ist eines der 256 Bilder zu sehen, die der Probandin gezeigt wurden. Das Rechteck präsentiert ihre aktuelle Entscheidung: Sie würde zu dieser Kurve ihr Geld lieber variabel anlegen, als mit einer sicheren 5%-Rendite

H Zwischen den Entscheidungsaufgaben wird über die Videobrille ein Einstellkreuz eingeblendet

I Ein Gehirnmodell in den Händen von Prof. Dr. Hauke Heekeren, der auf die Vernetzung der einzelnen Hirnregionen hinweist

J Dr. Peter Mohr zeigt am Gehirnscan von Elke Reinhuber, wo sich die Amygdala und das Striatum befinden

K Die Auswertung der Aufnahmen erfolgt durch aufwendige statistische Berechnungen

L Bild des Kopfes und Gehirns in den x-y-z-Achsen. Für die Forschung am D.I.N.E. ist nur die Ansicht des Gehirns von Bedeutung. Die weiteren Darstellungen hätten jedoch Relevanz für medizinische Untersuchungen

Mehrmals wurde ich darauf hingewiesen, mich nicht zu bewegen, still liegen zu bleiben. Im Nachtzug lief die Klimaanlage, und seither verspüre ich einen Hustenreiz. So gerne würde ich jetzt in meine Hosentasche greifen, ein Bonbon herausholen und mir in den Mund stecken. Aber dann würde ich sicherlich spüren, wie eng diese Röhre ist, wahrscheinlich könnte ich meinen Arm erst gar nicht zum Mund führen. Noch dazu klemmt ein schweres Gestell über meinem Gesicht – besser nicht darüber nachdenken.

Ich versuche den Hustenreiz zu unterdrücken und entscheide weiter. Sieben Sekunden für jede Entscheidung. Und das zweimal zwanzig Minuten lang. Dazwischen sehe ich schwarze Kreuze vor einem weißen Hintergrund. Ich weiß nicht, ob ich meine Augen darauf fixieren soll oder was es damit auf sich hat.

Variabel.

Das Magnetfeld hämmert kontinuierlich, ich trage Ohrenstöpsel und darüber schallisolierende Kopfhörer. Wahrscheinlich würde sonst mein Trommelfell zerspringen. Ein Mikrofon vor meinem Mund

und ein großer Notknopf in meiner Hand dienen im Falle eines Problems als Kontakt zur Außenwelt.

Variabel.

Wiederholt frage ich mich, ob ich die Aufgabe richtig verstanden habe. Schon wieder scheint die variable Geldanlage jener mit den sicheren fünf Prozent überlegen zu sein. Ich drücke auf den entsprechenden Knopf, um die Schaltfläche mit der Aufschrift «Variabel» zu aktivieren. Wie schon fast die ganze Zeit.

Ich wünschte, ich könnte mich ausschließlich aufs Entscheiden konzentrieren. Zu viele andere Dinge gehen mir durch den Kopf: «Wird es nicht gerade warm in meinem Gehirn, befinde ich mich vielleicht in einer riesigen Mikrowelle? Was passiert hier wirklich? Sicherlich ist mein Testergebnis wertlos, weil ich mich nicht ausschließlich auf die Aufgabe konzentrieren kann. Aber geht das denn?»

Variabel.

In einer realen Situation hat man ja etwas mehr Zeit für eine Anlage, und wenn es um echtes Geld geht, denkt man ja auch über andere Kriterien nach. Aber die variable Anlage ist schon wieder eindeutig die bessere Entscheidung.

«Sicher mache ich etwas falsch.»

Variabel.

«Halt! Diesmal sind fünf Prozent wirklich besser.»

Ob man hier auch kontrafaktische Gedanken visuell erfassen kann? Kann man sehen, dass ich mir überlege, ob ich mehr Gewinn mit fünf Prozent erzielt hätte? Wäre dann ein anderes Areal in meinem Gehirn aktiv? Immerhin lässt sich bei Geldanlagen ja im Nachhinein eher herausfinden, wie die Alternative ausgesehen hätte – anders als im richtigen Leben.

Variabel.

Die Frage, die mich hierhergeführt hat, war, ob und wie sich der Prozess der Entscheidungsfindung heute visualisieren lässt. Der klassische Ausgangspunkt in der Kulturgeschichte ist Herkules, der sich am Ende seiner Jugendzeit für den Pfad der Tugend oder des Lasters entscheiden musste. Auf Ölgemälden steht ihm dieser schwierige Prozess ins Gesicht geschrieben.

Heutzutage scheinen Wissenschaftlerinnen und Wissenschaftler mithilfe der Techniken der Neurowissenschaft in der Lage zu sein, unsere Denkmechanismen zu entschlüsseln. Manchen euphorischen Pressemeldungen zufolge sind sie auch nicht mehr weit davon entfernt, Gedanken lesen zu können. Einige Autorinnen und Autoren behaupten auch, die große Frage nach der Willensfreiheit durch neurowissenschaftliche Erkenntnisse geklärt zu haben – unser Leben sei vorherbestimmt, da das Gehirn bereits weiß, was es zu tun gilt, bevor wir uns mit einer Entscheidungssituation konfrontiert sehen.

«Ich will mehr wissen!»

Daher haben wir am Dahlem Institute for Neuroimaging of Emotions (D.I.N.E.) an der Freien Universität Berlin Wissenschaftlerinnen und Wissenschaftler verschiedener Disziplinen, die sich mit Entscheidungsprozessen beschäftigen, zum aktuellen Stand der Forschung befragt. Und ich habe mich selbst in den Gehirnscanner begeben, um mir ein Bild davon machen zu können, wie diese Untersuchungen durchgeführt werden.

Der Leiter des Labors, Dr. Felix Blankenburg, erklärt, dass der Magnetresonanztomograf oder Hirnscanner an diesem Institut ausschließlich für die kognitions- und emotionspsychologische Forschung eingesetzt wird und die lokale Stoffwechselaktivität des Gehirns misst. Somit können Rückschlüsse auf die Aktivität beteiligter Hirnareale gezogen werden. Dies geschieht in einem starken Magnetfeld von drei Tesla, das dem Zwanzigtausendfachen des Erdmagnetfelds entspricht.

Vor allem interessiert mich, ob es sich visuell darstellen lässt, was in unserem Gehirn vor sich geht, wenn wir Entscheidungen treffen. Prof. Dr. Hauke

Heekeren, der im Bereich der Emotionspsychologie und affektiven Neurowissenschaft tätig ist, erklärt, dass zwischen drei Arten von Entscheidungen unterschieden wird: Wahrnehmungsentscheidungen, belohnungsbasierten und sozialen Entscheidungen. Letztere lassen sich am schwersten mit dem Hirnscanner untersuchen; es handelt sich hier um jene Entscheidungen, die uns im realen Leben am meisten beschäftigen, wie etwa die Partnerwahl oder die Berufswahl, und somit am schwierigsten in den artifiziellen Raum der Röhre transferiert werden können. Das Experiment, an dem ich teilnehme, wird von dem Neuroökonomen Dr. Peter Mohr geleitet und untersucht belohnungsbasierte Entscheidungen; um genau zu sein, die Risikobereitschaft bei einer Portfolioanlage.

Nach dem Experiment bekomme ich die Erklärung für das Fixationskreuz, das fortwährend auftauchte: Es hilft, die Ruheaktivität des Hirns zu messen und diese mit der Aktivität bei der Entscheidung zu vergleichen. «Von wegen Ruheaktivität!», denke ich. Man kann sich sicherlich nicht vorstellen, was mir während des lauten Knatterns der Maschine so alles durch den Kopf ging.

Am meisten machte mir Angst, was Prof. Dr. Malek Bajbouj aus der Neuropsychiatrie gesagt hatte: Man könne Erinnerungen überschreiben. Ich male mir Szenarien aus wie in dem Film *Eternal Sunshine of the Spotless Mind*, in dem sich die beiden Protagonisten mit dubiosen Verfahren gegenseitig aus ihrer Erinnerung löschen lassen. Ich frage mich, was diese Maschine so alles kann. Wenn man erst einmal darin liegt, wirkt sie wie ein Ideengenerator für wildeste Fantasien – Zeitreisen – Gedankenlesen – Gehirnwäsche. Doch wie uns der Professor für Psychiatrie und affektive Neurowissenschaft Bajbouj erklärte, ist zum Auslöschen der Erinnerungen die menschliche Sprache noch immer das stärkste Instrument; und außerdem sei man weit davon entfernt, einzelne Gedanken erfassen zu können. Das klingt beruhigend. Ich hänge an meinen Erinnerungen.

Dr. Mohr zeigt hinter der kupferisolierten Trennwand unserem Filmteam anhand der Darstellung am Bildschirm, dass meine Erinnerungen in meinem Hippocampus sitzen, während ich in dem Scanner liege und mich an diverse dystopische Science-Fiction-Filme erinnere. Das Belohnungsempfinden, das für Entscheidungen relevant ist, sitzt jedoch im Striatum. Auch dieser Bereich lässt sich auf dem Bildschirm gut erkennen: Zu sehen sind drei verschiedene Schnitte meines Gehirns entlang der x-, y- und z-Achsen. Details sind nicht wahrnehmbar, Neuronen lassen sich noch nicht einmal erahnen. Die Auflösung ist relativ grob; ein dreidimensionaler Bildpunkt, ein Voxel, ist immerhin 4 × 4 × 4 Millimeter groß und dürfte Hunderttausende von Neuronen enthalten. Von meinem Gehirn werden alle zwei Sekunden 36 Schnittbilder aufgenommen, 45 Minuten lang.

Die letzte Tafel leuchtet auf. Das Ende des Experiments. Dann noch eine Tafel, die mich wirklich überrascht: Ich habe keinen Gewinn gemacht, werde also auch die Prämie von fünf Euro nicht erhalten. «Wie kann das sein? Die variable Anlage sah doch immer so viel besser aus!» Ich spüre meine erste richtige Gefühlsregung, seit ich hier bin: große Enttäuschung! War dies das wahre Ziel der Messung? Stille – Weiß – ich schwebe. Ein berauschendes Gefühl der Leichtigkeit!

Noch kompensiert mein Gehirn das fortwährende Knattern des Tomografen. Dann höre ich, wie die schwere Tür geöffnet wird, und ich werde aus der Röhre herausgefahren.

Nun wird es einige Zeit dauern, bis die knapp fünfzigtausend Aufnahmen meines Gehirns ausgewertet sind, mit denen der anderen Probandinnen und Probanden verglichen wurden und rote Flächen jene Areale bezeichnen, die während des Entscheidens aktiv gewesen sein sollen, also zumindest einen erhöhten Sauerstoffumsatz aufwiesen.

Das Dahlem Institute for Neuroimaging of Emotion (D.I.N.E.) ist eine Einrichtung des Exzellenzclusters «Languages of Emotion» und des Fachbereichs Erziehungswissenschaft und Psychologie an der Freien Universität Berlin. Das Kernstück der neurokognitiven Labore zur interdisziplinären Erforschung des Zusammenspiels von Sprache, Kognition und Emotion ist ein funktionaler Magnetresonanztomograf (fMRT), auch Hirnscanner genannt: der Siemens Trio 3T, dessen Leistung drei Tesla beträgt.

GLORIA

Regie, Ton: Henning Arnecke
Kamera: Felix Mittelberger
Schnitt: Eduard Stürmer
Tongestaltung: Frank Bierlein

Ort: Sonderflughafen des Deutschen Zentrum für Luft- und Raumfahrt (DLR) Oberpfaffenhofen
Drehzeit: 2012
Bildtechnik: HD-Video, 16:9, Farbe, stereo
Länge: 20 Min.

Institution: Institut für Meteorologie und Klimaforschung – Atmosphärische Spurengase und Fernerkundung am Karlsruher Institut für Technologie (KIT); Institut für Energie- und Klimaforschung – Stratosphäre, Forschungszentrum Jülich

Bildgebungsverfahren: GLORIA (Gimballed Limb Observer for Radiance Imaging of the Atmosphere)

Mitwirkende im Film: Dr. Harald Bönisch, Felix Friedl-Vallon, Tobias Guggenmoser, Thomas Gulde, Simon Heger, Dr. Guido Maucher, Hans Nordmeyer, Dr. Peter Preuße, Christian Sartorius, Axel Schönfeld

Dank an: Friederike Graf,
Dr. Michael Höpfner, Mahesh Kumar Sha,
Dr. Anne Kleinert, Christof Piesch,
Dr. Olga Sumińska-Ebersoldt

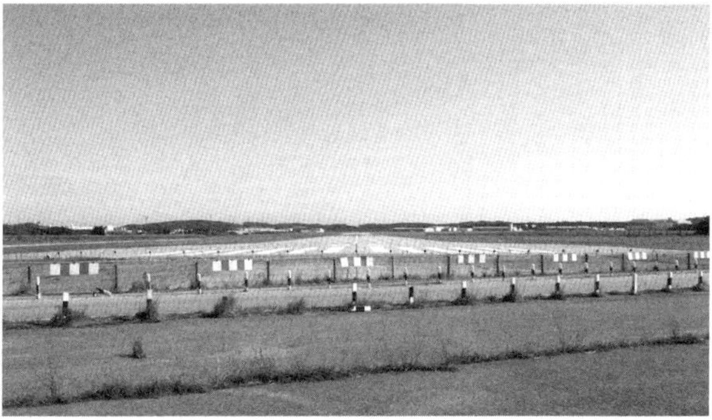

A

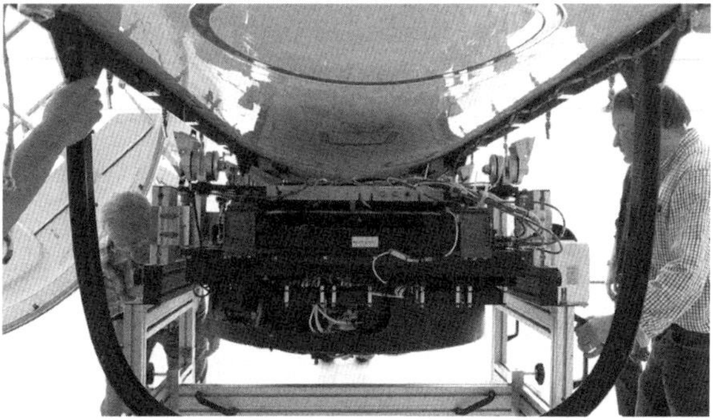

B

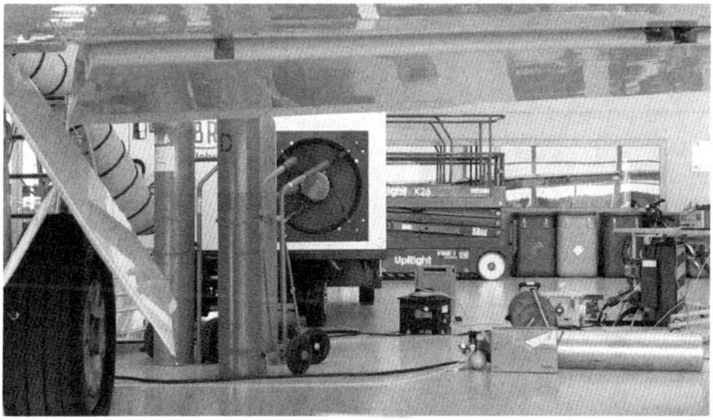

C

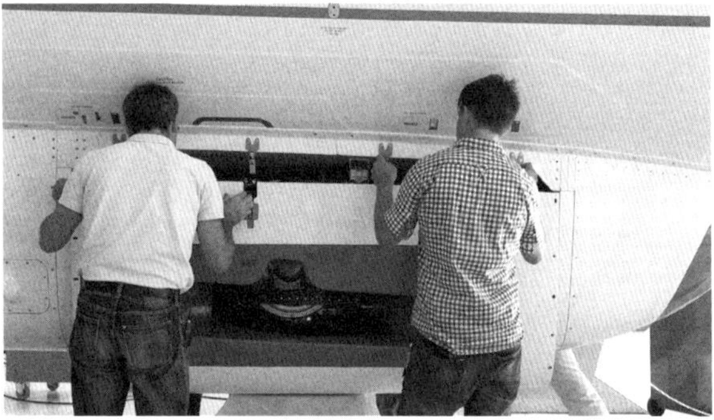

D

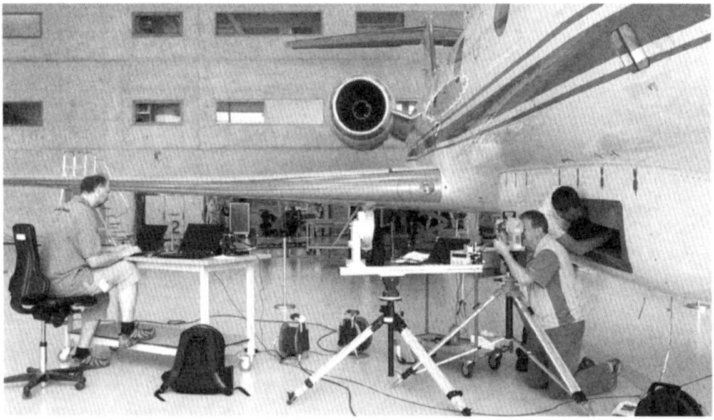

E

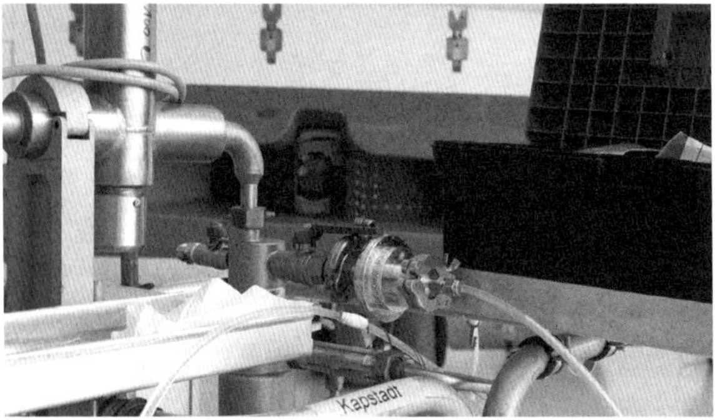

F

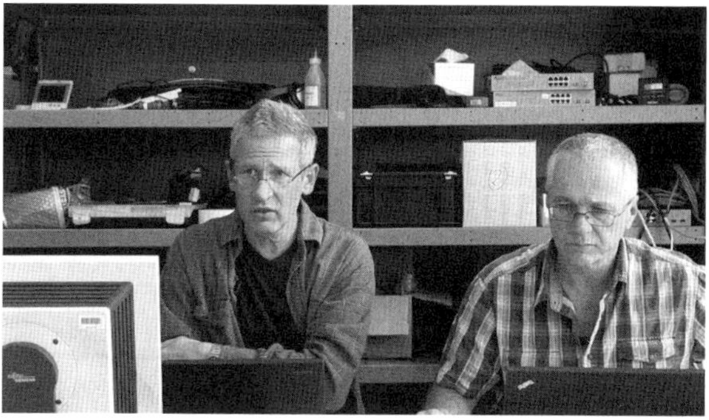
G

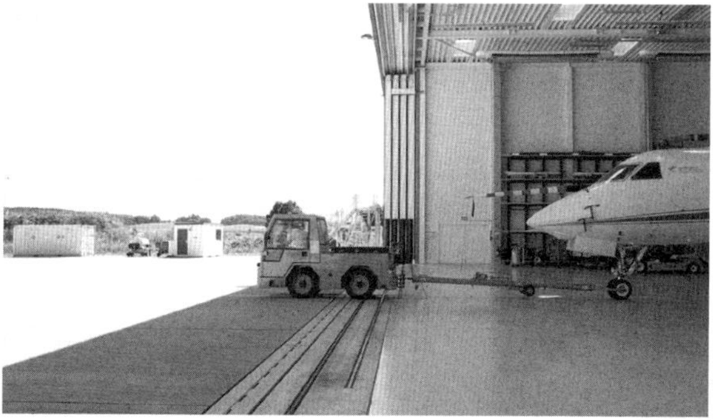
H

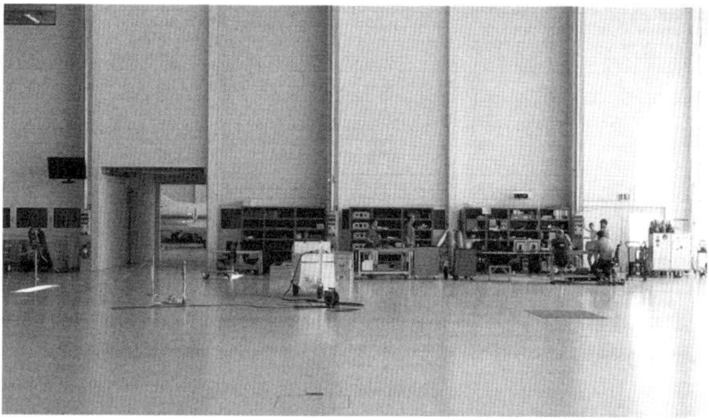
I

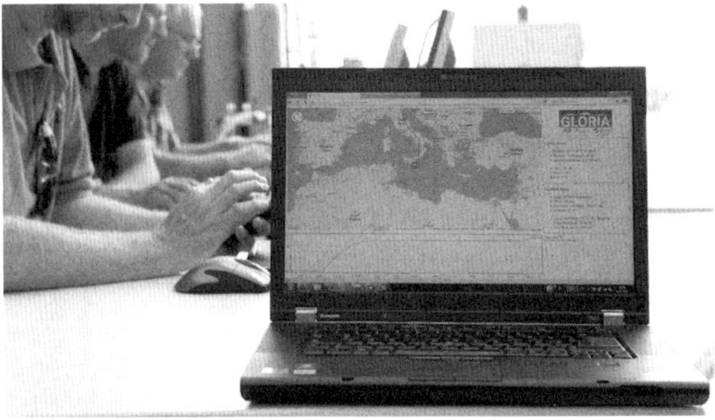

J

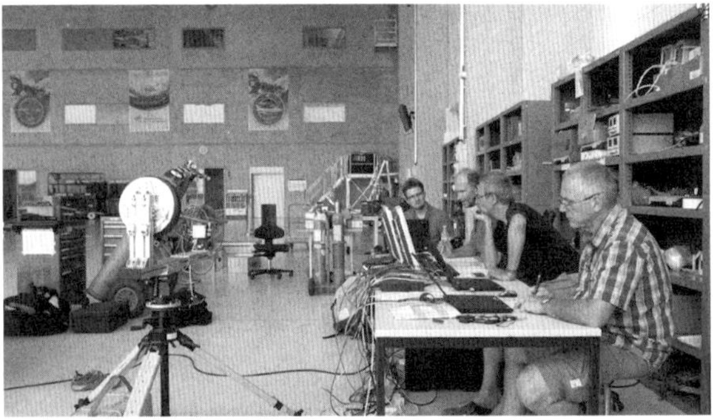

K

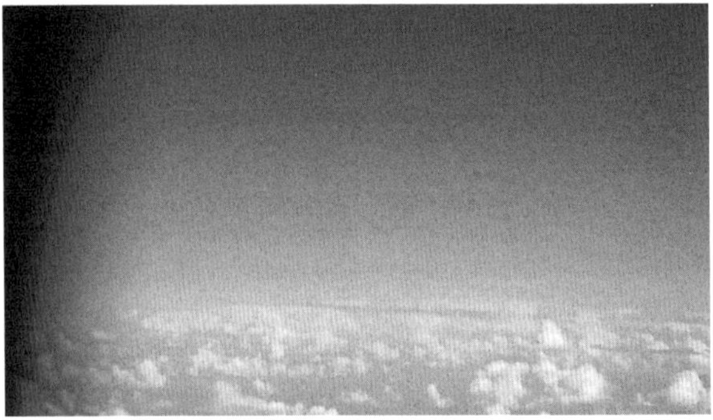

L

A Sonderflughafen Oberpfaffenhofen

B Montage des Infrarotspektrometers GLORIA am Flugzeugrumpf

C Klimaanlage des Flugzeugs HALO

D Anbringung des *belly pod* am Flugzeugrumpf

E Bestimmung der Messrichtung von GLORIA

F Behälter für Kühlmittelbefüllung bei GLORIA

G Arbeiten im Rahmen der Flugvorbereitung

H Das Forschungsflugzeugs HALO rollt aus der Halle

I Leerer Hangar am Deutschen Zentrum für Luft- und Raumfahrt (DLR)

J Kontrolle der aktuellen Position des Flugzeugs während des Forschungsfluges

K Kontrolle des Infrarotspektrometers GLORIA während des Fluges

L Perspektive der Instruments GLORIA während des Fluges

Es herrschen optimale Flugbedingungen am 28. August 2012 um 10:59 Uhr. Der Himmel über dem Sonderflughafen Oberpfaffenhofen ist wolkenfrei, als das Forschungsflugzeug «HALO», betrieben vom Deutschen Zentrum für Luft- und Raumfahrt (DLR), abhebt. Für zahlreiche Instrumente an Bord ist es der erste Einsatz bei einem wissenschaftlichen Flug. Während der nächsten acht Stunden sammeln sie kontinuierlich Daten zu den chemischen und physikalischen Prozessen in der Atmosphäre –

so auch das Infrarotspektrometer «GLORIA».[1] Eine Forschergruppe aus Karlsruhe und Jülich[2] hat über Jahre an der Entwicklung und Erprobung dieses Instruments gearbeitet; nun wird es zum ersten Mal wissenschaftlich eingesetzt. Am Rumpf des Flugzeugs befestigt, empfängt der Sehstrahl von «GLORIA» während des Flugs kontinuierlich Infrarotbilder des Horizonts, die das Instrument in farbkodierte Pixelbilder übersetzt (aufgenommen werden 6.000 Bildpixel pro Sekunde). Für sehr viele dieser Pixel lassen sich später, nach einigen Rechenschritten, die Konzentration und Verteilung verschiedener Spurengase exakt ermitteln – Zahlen, die besonders für die Klimawissenschaft interessant sind. Mit ihnen können auf Großrechnern aufwendige Simulationen betrieben werden, die Aussagen über den möglichen Verlauf des Klimawandels erlauben.

Die Arbeiten im Rahmen des ersten Messflugs waren Anlass für eine filmische Komposition, die die Ereignisverläufe in verschiedenen Sequenzen nachzeichnet. Die Dokumentation *GLORIA* behandelt die

1 Der Name «GLORIA» steht für «Gimballed Limb Observer for Radiance Imaging of the Atmosphere». Vgl. «Klimaforschung: High-Tech in 15 Kilometern Höhe», Presseinformation 129/2012, 20.08.2012, www.kit.edu/besuchen/pi_2012_11633.php, 28.12.2012.

2 Entwickelt, gebaut und betrieben wird «GLORIA» vom «Institut für Meteorologie und Klimaforschung – Atmosphärische Spurengase und Fernerkundung» am Karlsruher Institut für Technologie (KIT) und dem «Institut für Energie- und Klimaforschung – Stratosphäre» des Forschungszentrums Jülich.

Zeit vor und während des Fluges. Im Fokus stehen das Infrarotspektrometer als Bilderzeuger, die Forscherinnen und Forscher mit ihren Instrumenten und Werkzeugen sowie der Ort selbst. Die Handlung und die Gespräche bleiben für Laien zum Teil rätselhaft, so dass der Zuschauer, unabhängig von ihrer eigentlichen Bedeutung, aus der Distanz heraus beginnt, ästhetische Maßstäbe anzulegen. Die Distanz, die zum Beispiel entsteht, wenn der Zuschauer Fachgesprächen zuhört, legt nahe, im Geschehen ein *theatrum scientiarum* zu sehen.[3] Der forschende Blick wird zum Paradigma der Arbeit. Die Wissenschaftlerinnen und Wissenschaftler kontrollieren und analysieren die Daten und technischen Bilder auf Monitoren. Ein ganz ähnlicher forschender Blick wird auch dem Zuschauer ermöglicht: Aus verschiedenen Perspektiven heraus beobachtet er das Geschehen und forscht nach Informationen, die über Sinn und Zusammenhang der unterschiedlichen Ereignisse Auskunft geben.

Das Instrument, das diesen forschenden Blick ermöglicht, ist für den Zuschauer die Filmkamera und für die Forscher der Detektor des Infrarotspektrometers. In jeder Szene ist die Filmkamera unsichtbarer Beobachter – nichts geschieht für sie, sondern alles geschieht ungeachtet der Kamera. Die

3 *Theatrum* wird hier als umfassender Begriff für die Anschauung aller Gegenstände verwendet. Vgl. Thomas Kirchner, «Der Theaterbegriff des Barock», in: *Maske und Kothurn*, 31. Jg., 1985, S. 131–140.

Bilder vermitteln nicht bloß Inhalt – so zeigen sie etwa Schreibtische mit Monitoren und dahinter ein Regale –, sondern sie transportieren Zusammenhänge. Wenn etwa der Zuschauer mit genauem, forschendem Blick einzelne Beschriftungen entziffern kann, dann steht «Kapstadt» auf einmal für die globale Dimension der wissenschaftlichen Unternehmung. Da *GLORIA* diese Art des Erkennens in den Mittelpunkt stellt, wird auf eine kommentierende Ebene verzichtet. Auch Interviews, die an die Zuschauer adressierte Erklärungen enthalten, fehlen. Stattdessen sollen den Betrachtern Spielräume für Interpretationen und Assoziationen eröffnet werden.

Dieser Zugang wird beispielsweise in folgender Szene deutlich: Die Einstellung zeigt das Sichtfenster des Infrarotspektrometers. Durch seine Verspiegelung wirkt es wie eine Scheibe, hinter der ein «Beobachter» sitzt. Dazu sehen wir einen Wissenschaftler, der neben dem Instrument kniet, durch ein Messgerät schaut und dabei Gradzahlen nennt. Ein Kollege notiert die Messwerte. Durch die Assoziationskette aus Beobachtung, Messung und Aufzeichnung erfassen die Zuschauer auf einfache und intuitive Art und Weise die Funktion des Infrarotspektrometers. So erfährt das potenziell sehr weite Deutungsfeld, das viele Bilder auszeichnet, durch die Komposition mit anderen Einstellungen eine zielgerichtete Verengung. Dieser Prozess, basierend auf assoziativen Verknüpfungen und dem forschendem Blick, braucht allerdings Zeit; dies ist der

Grund, weshalb manche Sequenzen länger dauern, während andere – eingeworfenen Gedanken gleich – nur kurz dazwischengeschnitten sind.

GLORIA zeichnet sich durch eine langsame Erzählweise aus. Der Rhythmus in diesem Film steht somit in großem Kontrast zur aufgeregten medialen Berichterstattung über den Klimawandel und dessen Folgen. Der Film transportiert keine Alarmstimmung, sondern zeigt das ruhige und konzentrierte Arbeiten der Forscherinnen und Forscher. Nicht nur die zu medialen Ikonen stilisierten Bilder des Klimawandels steuern unsere Aufmerksamkeit,[4] sondern auch die filmischen Bilder in *GLORIA*. Eine Aufnahme in der Totalen schafft Orientierung, sie hilft, die Dinge einzuordnen, während eine Detailaufnahme Bedeutung erzeugt. Der Wechsel zwischen beiden Abbildungsweisen schafft den Raum, in dem sich die Kamera positioniert. Ähnlich den Verfahren der Neuen Sachlichkeit, wie sie durch die Düsseldorfer Fotoschule um Bernd und Hilla Becher etabliert wurde,[5] sind die allermeisten Bilder im Film streng frontal ausgerichtet. Der Standpunkt der Kamera richtet sich nach den Strukturen des Raums, zudem verhindert die feste Einstellung Kameraak-

4 Vgl. Elke Grittmann, «Visuelle Konstruktionen von Klima und Klimawandel in den Medien. Ein Forschungsüberblick», in: Irene Neverla, Mike S. Schäfer (Hg.), *Das Medien-Klima. Fragen und Befunde der kommunikationswissenschaftlichen Klimaforschung*, Springer VS, Wiesbaden, 2012, S. 171–196.

5 Vgl. Bernd und Hilla Becher, *Fördertürme*, Schirmer/Mosel, München, Paris, London, 1997.

tionen wie das Hereinzoomen oder Schwenken. Hinter diesen Formalismen verbirgt sich die Suche nach einer sachlichen und neutralen Bildsprache.

Ein Beispiel für diese Sachlichkeit ist der gewählte Bildausschnitt. Durch ihn wird bestimmt, welcher Inhalt bedeutsam ist und was im näheren Umfeld ausgeblendet werden kann. So bekommen die Zuschauer häufig ein Bild des Infrarotspektrometers gezeigt, wie es am Flugzeugrumpf befestigt ist; das Flugzeug erscheint dabei nur in Ausschnitten. Auf ganz ähnliche Weise ist auch der Filmton konzipiert. Geräusche im Randbereich – oft befindet sich die Tonquelle außerhalb des Bilds – erzeugen Aufmerksamkeit und lassen eine Veränderung erwarten, als ob jeden Moment etwas ins Bild treten könnte. In den Fällen, in denen der Filmton kein Gespräch transportiert, schafft er Atmosphäre und erzeugt nicht sichtbare Bilder. Eines dieser Bilder, das zunächst nur im Kopf existiert, bevor es vom Kamerabild irgendwann bestätigt wird, entsteht durch das permanente Brummen des Stromaggregats. Fehlt dieses Geräusch plötzlich, kann dies ein Hinweis darauf sein, dass der Flugzeughangar leer ist und sich das Flugzeug bereits in der Luft befindet.

Das Institut für Meteorologie und Klimaforschung (IMK) – Atmosphärische Spurengase und Fernerkundung (ASF) am Karlsruher Institut für Technologie (KIT) erforscht die Zusammensetzung und Verteilung klimarelevanter Spurengase in der Erdatmosphäre. Die Messungen von Beobachtungsplattformen am Boden und in der Luft ermöglichen Rückschlüsse auf den Klimawandel und weitere atmosphärische Prozesse. Das Instrument «GLORIA»

(Gimballed Limb Observer for Radiance Imaging of the Atmosphäre) wurde zusammen mit dem Institut für Energie- und Klimaforschung (IEK-7: Stratosphäre) des Forschungszentrums Jülich entwickelt und gebaut.

Operative Kartografie

Regie, Kamera, Schnitt: Lisa Bergmann
Ton: Felix Mittelberger, Daniel Neumann
Mischung: Christian Berkes

Drehort: Militärflughafen Greding (Mittelfranken)
Drehzeit: 2012
Technik: HD-Video, 16:9, Farbe, stereo
Länge: 20 Min.

Institution: Fraunhofer-Institut für Optronik, Systemtechnik und Bildauswertung (IOSB), Ettlingen

Bildgebungsverfahren: AISA Eagle Hyperspektralsensor, RGB-Kamera, Wärmebildkamera

Mitwirkende im Film: Kai Dierenbach, Wolfgang Groß, Dr. Mathias Kneubühler, Hendrik Schilling, Jörg Weyermann

Dank an: Dr. Wolfgang Middelmann

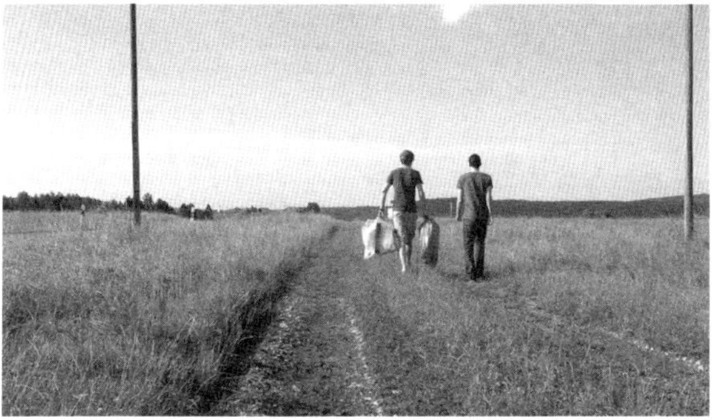

A

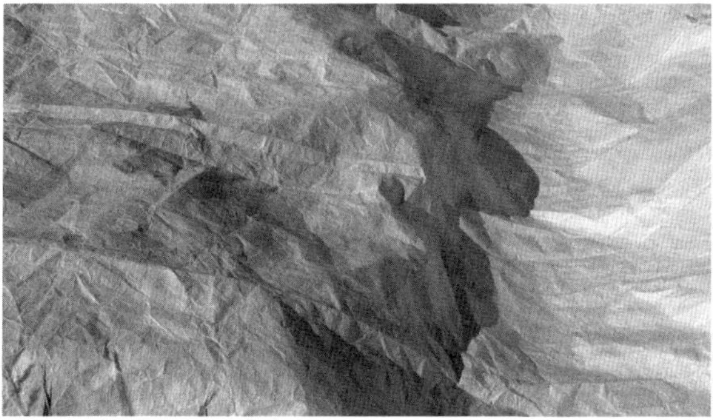

B

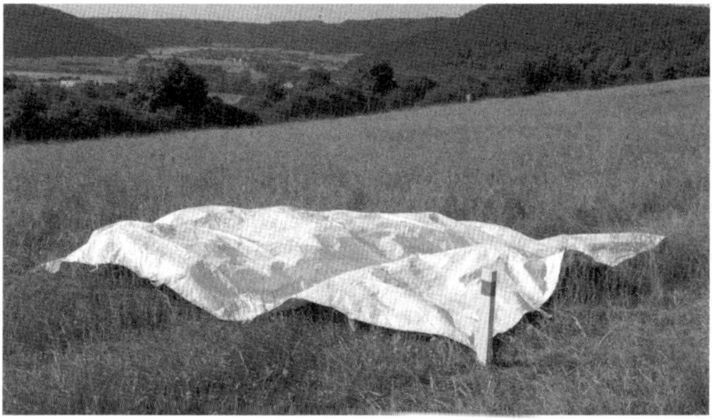

C

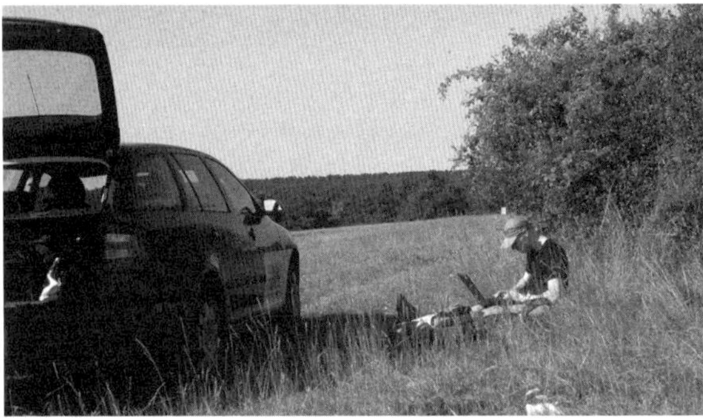

D

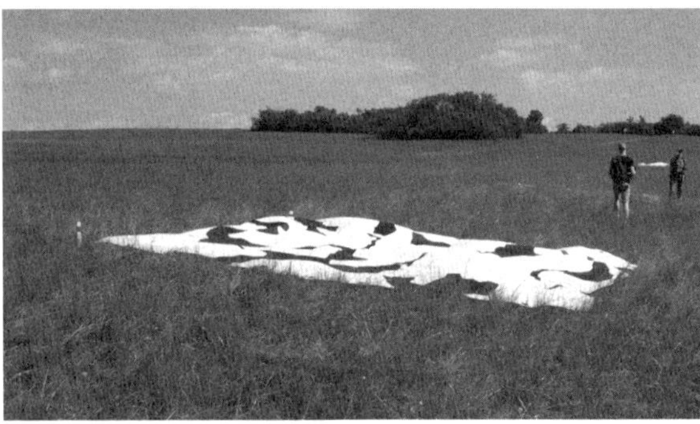

E

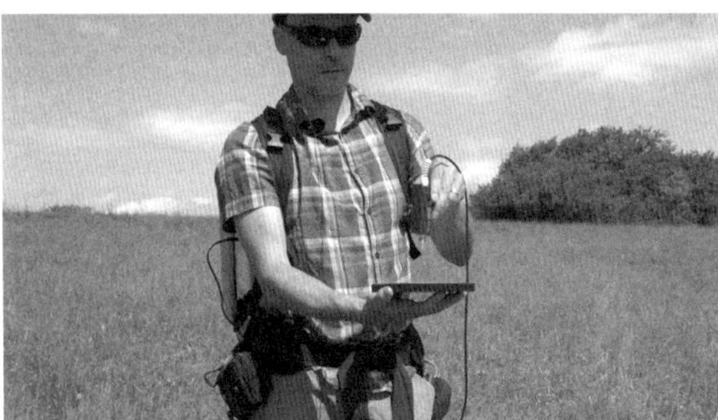

F

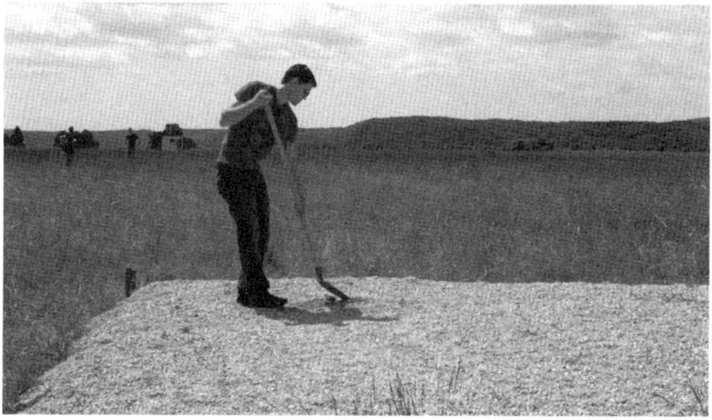

G

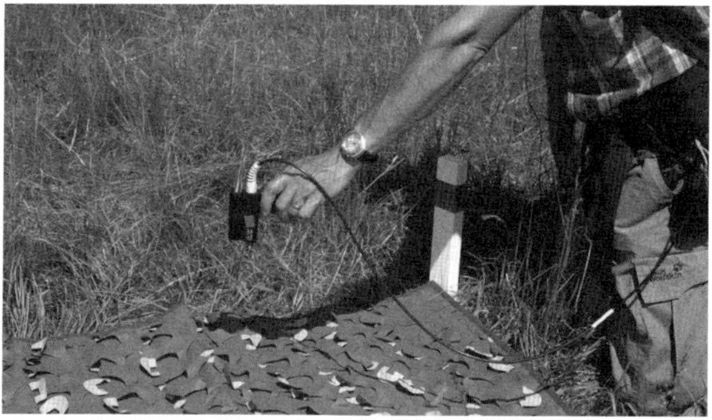

H

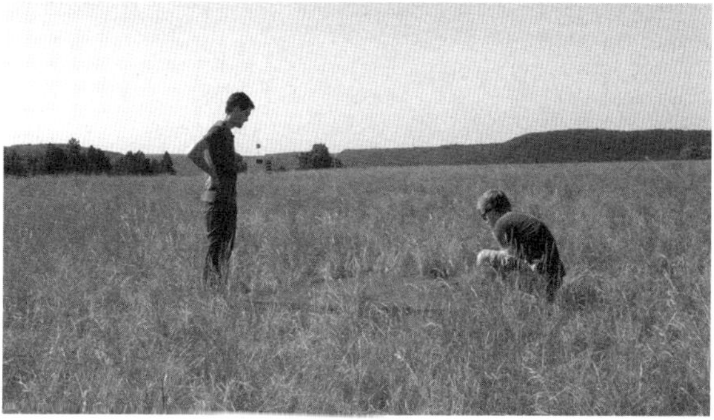

I

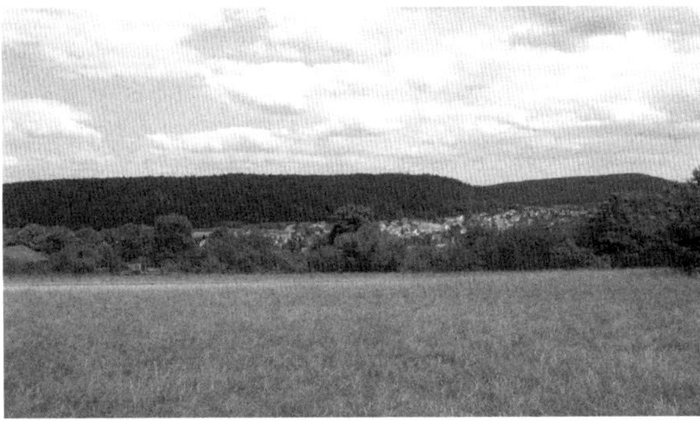

J

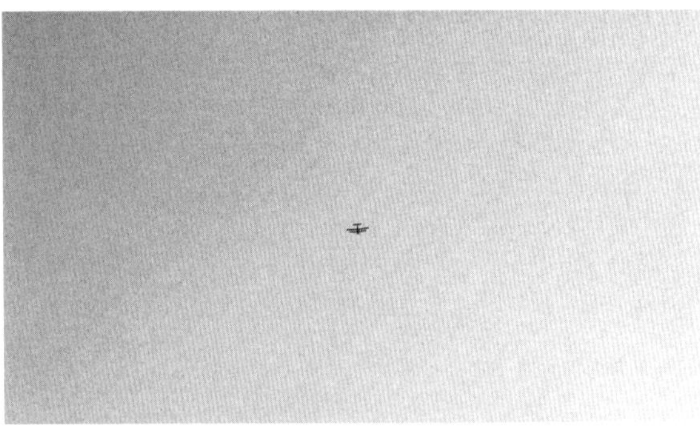

K

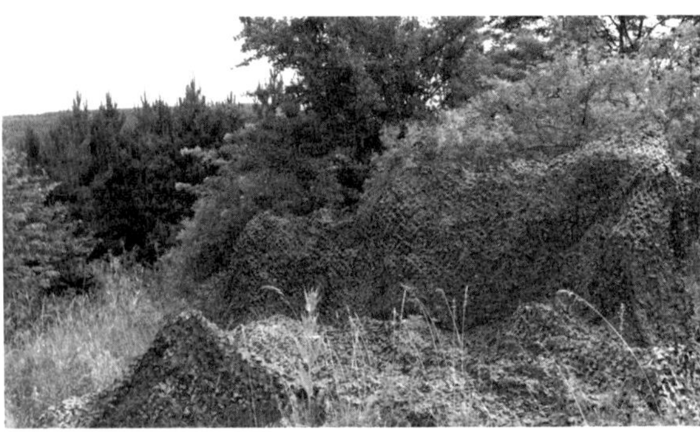

L

A Wolfgang Groß und Kai Dierenbach vom Fraunhofer-Institut für Optronik, Systemtechnik und Bildauswertung (IOSB) verteilen die Testobjekte auf dem Flughafengelände in Greding

B Detail eines Testobjekts für die Multispektralanalyse

C Schneetarnnetz

D Wissenschaftler der Remote Sensing Laboratories des Geographischen Institutes der Universität Zürich bereiten den Test vor

E Messreihe

F Die von einer Spektralonplatte vollständig reflektierte Strahlung des Sonnenlichts wird gemessen

G Ein Kiesbett wird für den Test präpariert

H Messung der spezifischen Reflektion eines Tarnnetztyps

I Auslegen der Kalibrierplatten

J Testgelände

K Testflugzeug

L Testobjekt für die Multispektralanalyse

Fernerkundung bedeutet, mithilfe berührungsloser Verfahren Informationen aus großer Distanz zu erlangen. In den Anfängen der militärischen Aufklärung dienten Luftbildfotografien als Mittel, Beobachtungen dauerhaft aufzuzeichnen. Mittlerweile haben digitale Scanverfahren analoge Nassfilmaufnahmen ersetzt. Sie ermöglichen durch Georeferenzierung, das heißt durch die Zuweisung von geografischen Koordinaten, die Einbettung von neuen Messergebnissen in bereits existierendes digitales Kartenmaterial. Dieses Verfahren erlaubt schnelle Reaktionen bei Katastrophen- oder Militäreinsätzen. Das UNITAR-Programm «UNOSAT» beispielsweise erstellt bei Naturkatastrophen innerhalb kürzester Zeit sogenannte *rapid maps*, die eine erste Schadensanalyse liefern und weitere Gefahrenzonen ausweisen. Diese Karten können bei der Koordinierung von Rettungskräften herangezogen werden.

In Satelliten oder Flugzeuge eingebaute Sensoren messen die elektromagnetische Strahlung, die jedes Objekt aussendet. Man unterscheidet dabei Messsysteme, die aktiv ein eigenes Signal aussenden und wieder empfangen und jene, die passiv auf äußere Energiequellen angewiesen sind. Aufgrund der jedem Material eigenen Spektralsignatur, die so spezifisch ist wie der Fingerabdruck eines Menschen, können – bei einer entsprechend hohen spektralen Auflösung des Sensors – Aussagen über die Beschaffenheit und die Funktion entfernter Gegenstände getroffen werden, ohne Spuren oder Schäden zu hinterlassen.

Unterschiedliche Sensorsysteme liefern spezifische Informationen. Werden verschiedene Systeme kombiniert, vergrößert sich die Anwendbarkeit der erhaltenen Daten. Je nach Bauart kann das gesamte Reflexionsspektrum von der Ultraviolett- bis zur Infrarotstrahlung untersucht werden. Kommerzielle und wissenschaftliche Satellitenmissionen werden dem jeweiligen Informationsbedarf entsprechend strategisch entwickelt. Diese Konzeptionsarbeit leisten Weltraumorganisationen wie die europäische Weltraumbehörde ESA, die internationale Arbeitsgruppen zusammenstellt und koordiniert. Forschungsinstitute und Entwicklerinnen und Entwickler von Messinstrumenten konkurrieren um den Einsatz ihrer Technologien in aufwendigen und teuren Satellitenprojekten. Wissensgewinnung unterliegt hier der politischen Beurteilung ihrer Relevanz.

Die erste gezielt auf Klimaforschung ausgerichtete Mission der ESA, «CryoSat», wurde erst im Juni 1999 bewilligt. Sie ist eines von derzeit sieben bereits laufenden oder beschlossenen Projekten der Initiative «Globale Umwelt- und Sicherheitsüberwachung» (GMES). Der Forschungssatellit «CryoSat-2» startete 2010 und soll nur drei Jahre betrieben werden. Er vermisst die Eisoberfläche der Erde von den polaren Orbits aus. Das synthetische Radaraltimeter «SIRAL» an Bord ermöglicht die Messung der Dicke der polaren Eisdecke und soll damit Erkenntnisse über die Veränderung des Klimas liefern.

So wie sich Missionsergebnisse je nach angewandter Technologie unterscheiden, hängen auf der Mikroebene die gewonnenen Daten von den eingesetzten Algorithmen ab. Eine der größten Herausforderungen besteht im Umgang mit der Masse an anfallenden Daten. Zu viele Informationen verhindern eine schnelle Analyse oder überhaupt jede Art von Weiterverarbeitung. Daher müssen Schwellenwerte bestimmt werden, die eine Klassifizierung und Bildauswertung ermöglichen.

Nach einer Fusionierung der von einzelnen Sensoren, wie von einem Radar oder einem Multispektrometer erfassten Daten lässt die Aufnahme ein und desselben Orts Aussagen über unterschiedliche Eigenschaften zu: Sie liefert eine Höhendarstellung des Geländes oder erlaubt die Bestimmung von Pflanzensorten und die Ableitung ihres Vitalzustands. Die Messungen erzeugen keine Bilder im Sinne von stabilen Objekten, sondern Datenmaterial, das in variierbare Visualisierungen übersetzt werden kann. Die Assoziationsfähigkeit der Daten mit anderen Darstellungen erhöht den Grad der Anwendbarkeit. Für den Menschen unsichtbare elektromagnetische Strahlung wird im Bild verfügbar gemacht.

Seit Januar 2011 besuchte ich verschiedene Forschungsgruppen des Fraunhofer-Instituts für Optronik, Systemtechnik und Bildauswertung (IOSB). Dr. Wolfgang Middelmann leitet in der Abteilung Szenenanalyse Forschungsprojekte zur hyperspektralen Fernerkundung. Bei einem Versuch im Juni 2012 wurde das Forschungsflugzeug des Instituts mit zwei unterschiedlichen Hyperspektralsensoren, einer thermischen Infrarotkamera, einem Laserscanner und einer RGB-Einzelbildkamera ausgestattet. Wolfgang Groß, Hendrik Schilling und Kai

Dierenbach führten Messungen zum «Potenzial von Hyperspektraltechnologie für operationelle Systeme» für das IOSB in Kooperation mit den Remote Sensing Laboratories des Geographischen Institutes der Universität Zürich durch.

Der Test musste an einem wolkenlosen Tag stattfinden, um ausreichend viele Überflüge bei vergleichbarer Sonnenstrahlung durchführen zu können. Der Versuchsaufbau auf dem Gelände des Militärflughafens begann mit der Verteilung und Markierung von unterschiedlichen Objekten an geeigneten, aussagekräftigen Stellen: vier Quadratmeter große Kalibrierungsplatten, mit Styropor gefüllte Müllsäcke in hohem Gras, Kunstrasenstücke sowie Tarnnetze in verschiedenen Größen, flach auf der Wiese ausgebreitet oder über Sträucher gespannt. Ein angelegtes Kiesbett wurde später nochmals aufgelockert – die dann oben liegenden Steine hatten dadurch unterschiedliche Temperaturen.

Die jeweiligen Orte werden auf einer Karte verzeichnet. Nach den Vorbereitungen wird der weitere Ablauf besprochen und geschätzt, wann das Flugzeug eintrifft, das 500 Kilometer entfernt gestartet ist. Damit die bei der Auswertung ermittelten Werte als Referenz tauglich sind, benötigt man für die Messungen aus der Luft und am Boden dieselben Wetterbedingungen. Bei klarem Himmel wird das Geländespektrometer am Boden kalibriert. Dazu wird die vollständig reflektierte Strahlung des Sonnenlichts auf einer Spektralonplatte gemessen. Daraufhin werden Punkte der Testobjekte aufgenommen. Statt des Mittelwerts über große Wellenlängenintervalle erhält man einzelne spektrale Kurven. Die Wissenschaftler führen die Messungen zu zweit durch. Während einer jeden Gegenstand sorgfältig umrundet, notiert der andere alle Messwerte am Laptop. Anschließend werden die GPS-Koordinaten eingetragen.

Der Schwerpunkt dieser Versuchsreihe liegt im Bereich der Mustererkennung. Anwendungen sind beispielsweise Landnutzungsklassifikationen, im landwirtschaftlichen Bereich, etwa die Bestimmung von Anbaugebieten sowie der Art und des Reifegrads von Feldfrüchten. In militärischer Hinsicht ist die Beschaffenheit des Bodens von Interesse; so können zum Beispiel die Befahrbarkeit des Bodens, die mögliche Sicht von bestimmten Stellen der Landschaft aus und deren Einsehbarkeit bestimmt werden.

Um die Arbeit der Bildauswerter zu erleichtern, werden am IOSB Modelle entwickelt, mit denen die Werte der 250 spektralen Kanäle physikalisch sinnvoll auf acht reduziert werden. Wolfgang Groß verwendet dazu eine sogenannte unüberwachte Klassifikationsart, die über Linearkombination für jeden Messwert herausfinden soll, für welches Ausgangsmaterial er steht. Bei Ergebnisspektren aus Mischverhältnissen, also Pixeln, die verschiedene Materialien abbilden, oder Schatten auf der Aufnahme können allerdings Schwierigkeiten entstehen. Ist das zugrunde liegende mathematische Modell erfüllt, so berechnet der Algorithmus eine physikalisch plausible Darstellung der Szene. Dies ermöglicht dann eine automatische Aufbereitung der Bilddaten. Es handelt sich hier um ein Verfahren zur Vorsortierung großer Datenmengen für nachfolgende Anwendungen.

In ihren Messvorgängen übersetzen die Wissenschaftler den natürlichen Raum des Flugplatzes in den reinen Raum geometrischer Koordinatensysteme. Ihre Aufnahmen des physikalischen Bestands machen die Erdoberfläche und deren Eigenschaften so abbildbar, dass die erzeugten Daten als Werkzeuge dienen können. Dies gelingt bei der Einbettung der Daten in die Referenzsysteme der Kartografie und des elektromagnetischen Spektrums.

Am Fraunhofer-Institut für Optronik, Systemtechnik und Bildauswertung (IOSB) mit Standorten in Karlsruhe und Ettlingen werden multisensorielle Systeme und die dazugehörige Software zur Steuerung unterschiedlichster wissenschaftlicher, industrieller und militärischer Prozesse entwickelt. Die Forschungsgruppe um Dr. Wolfgang Middelmann nutzt für die Fernerkundung die Kombination mehrerer Kamerasysteme wie Hyperspektralsensor, thermische Infrarotkamera, Laserscanner und RGB-Kamera.
Die Aufnahmen aus der Luft ermöglichen Aussagen über Material, Form und Lage relevanter beobachteter Objekte.

Sonar

Regie: Felix Mittelberger, Susan Funk,
Daniel Neumann
Kamera: Lisa Bergmann, Daniel Neumann
Ton: Henning Arnecke, Susan Funk
Schnitt, Mischung: Felix Mittelberger

Drehort: Bundesanstalt für Geowissenschaften und Rohstoffe (BGR), Hannover;
Büro von Dr. Karl Hinz, Hannover
Drehzeit: 2012
Technik: HD-Video, 16:9, Farbe, mono
Länge: 20 Min.

Institution: Bundesanstalt für Geowissenschaften und Rohstoffe (BGR)

Bildgebungsverfahren: Seitensichtsonar, Sedimentecholot

Mitwirkende im Film: Dr. Karl Hinz,
Dr. Christian Reichert, Dr. Michael Schnabel

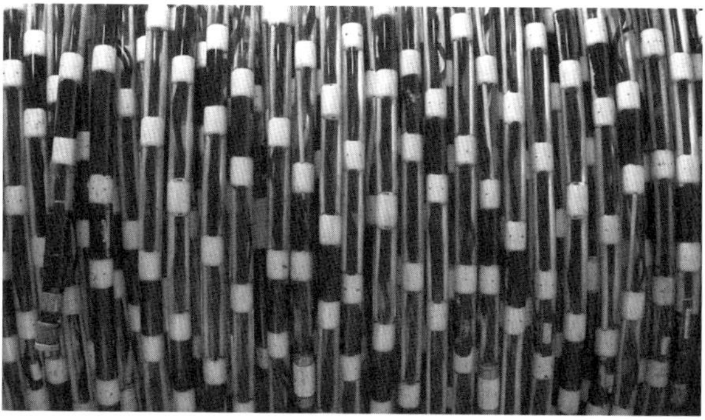

A

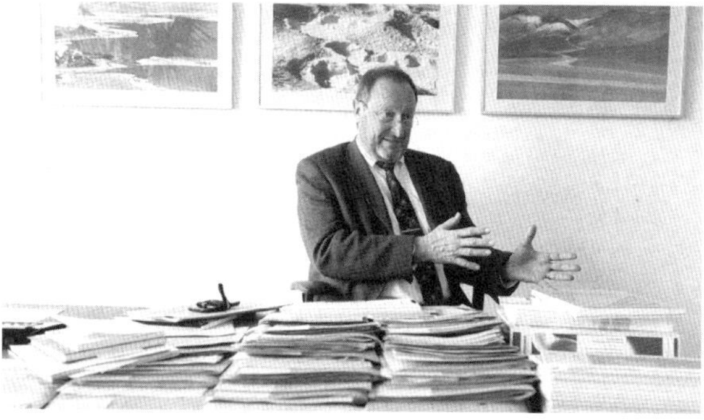

B

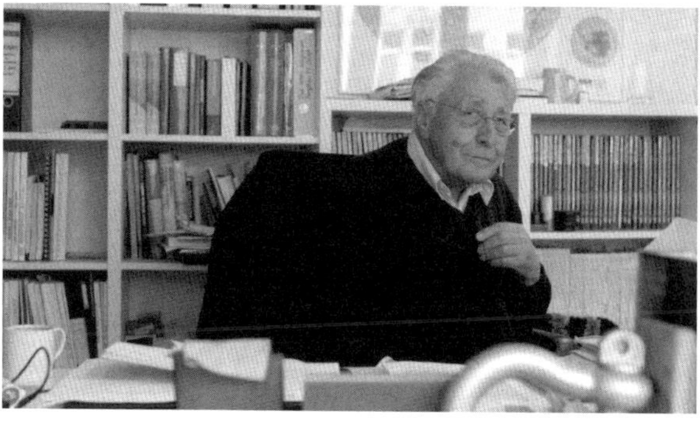

C

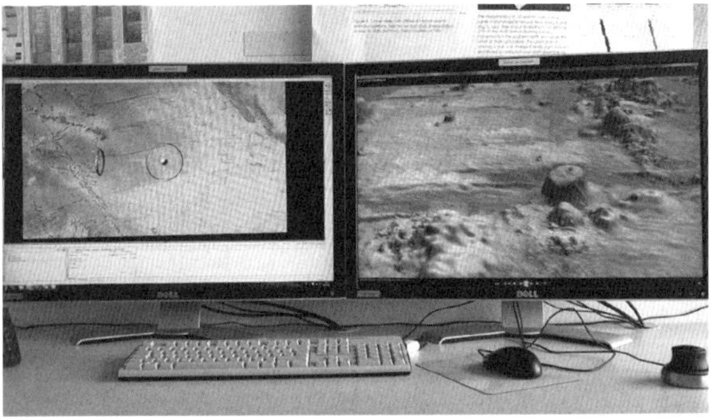

D

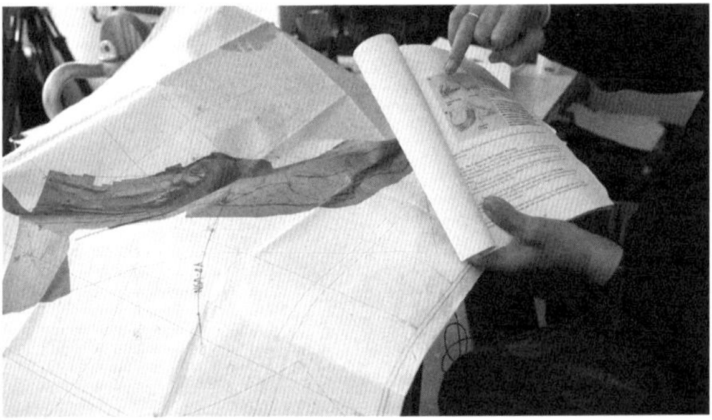

E

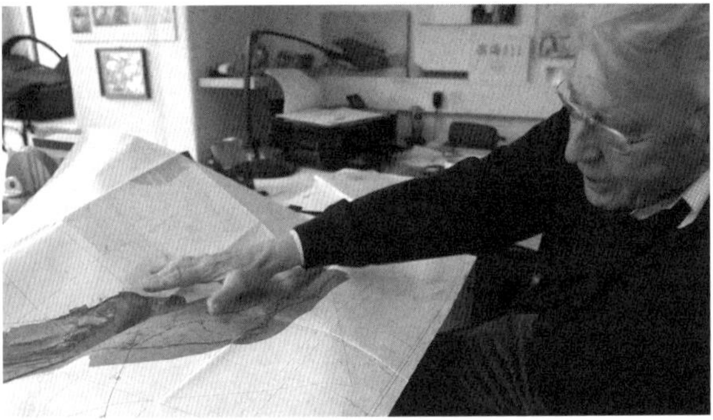

F

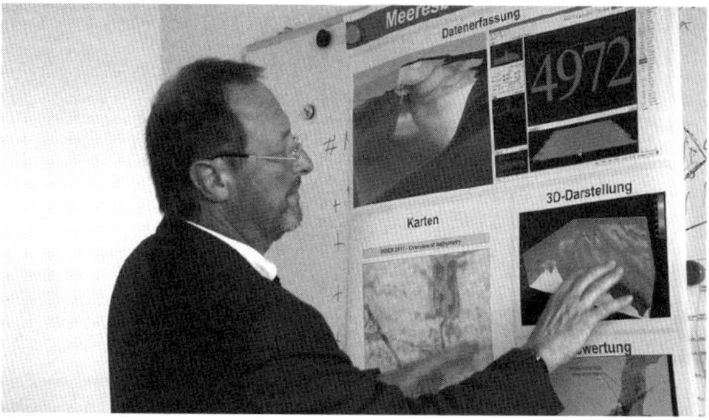
Datenerfassung
4972
3D-Darstellung
Karten

G

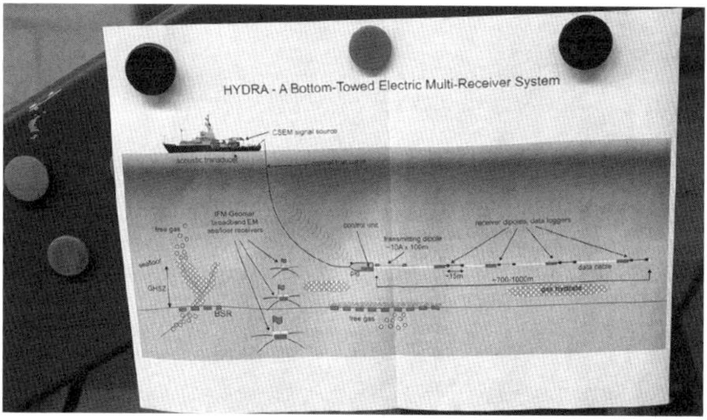
HYDRA - A Bottom-Towed Electric Multi-Receiver System
CSEM signal source
receiver dipoles, data loggers
transmitting dipole
data cable
~15m
~700-1000m
GHSZ
BSR
free gas

H

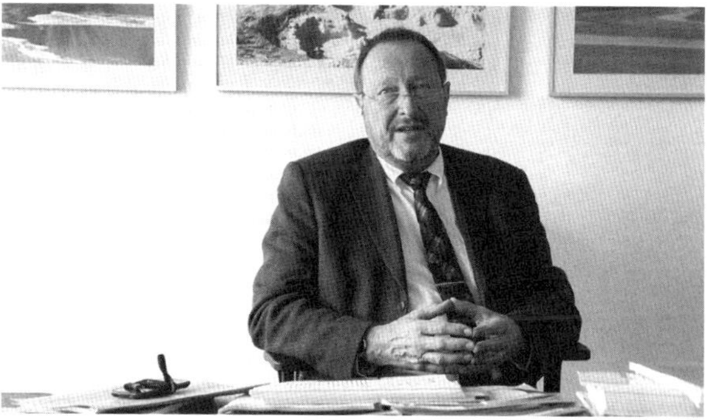

I

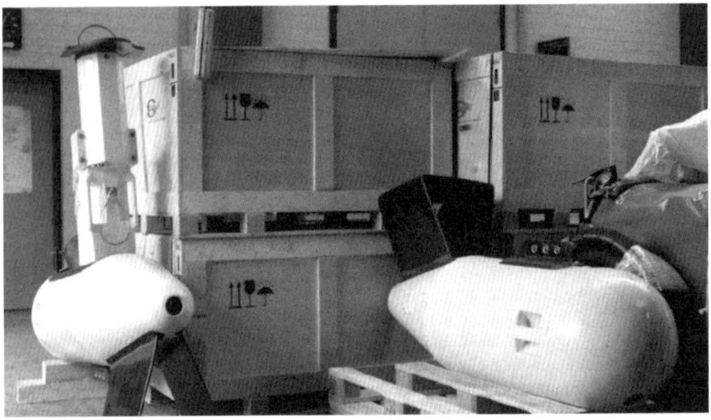

J

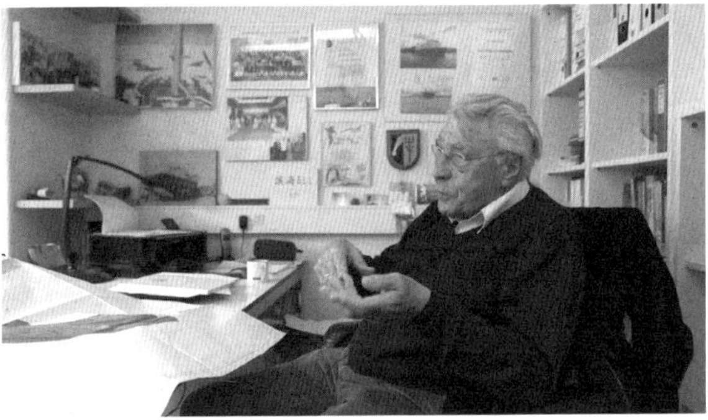

K

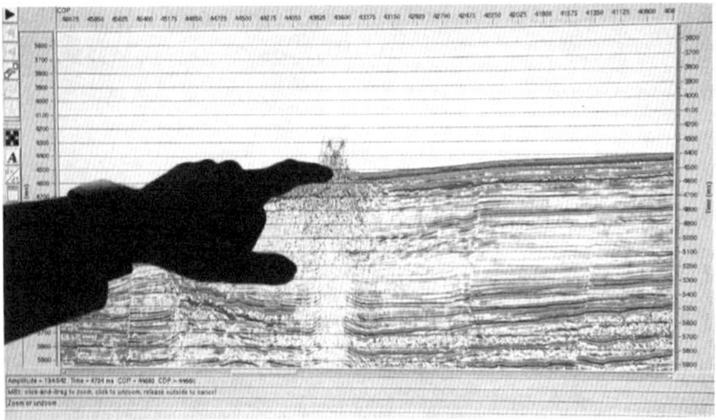

L

A Detail des Streamerkabels des Sedimentecholots

B Christian Reichert, Geophysiker, Leiter der Abteilung Marine Rohstofferkundung der Bundesanstalt für Geowissenschaften und Rohstoffe (BGR)

C Karl Hinz, ehemaliges Mitglied der Commission on the Limits of the Continental Shelf (CLCS)

D Bathymetrische Animation des Meeresbodens

E Karl Hinz erklärt die Illustration seines wissenschaftlichen Berichts

F Karl Hinz beschreibt den Vorgang der Bathymetrie

G Christian Reichert erklärt die Funktionsweise des Seitensichtsonars

H Skizze der Funktionsweise eines Sedimentecholots

I Christian Reichert spricht über die Funktionsweise der CLCS

J GPS-Sender des Sedimentecholots

K Karl Hinz erklärt die Funktionsweise der CLCS

L Michael Schnabel zeigt eine Anomalie in der seismischen Darstellung des Meeresbodens

Der Kurzfilm *Sonar* behandelt die politischen, juristischen und wissenschaftlichen Verflechtungen bei der Erfassung, Vermessung und Analyse des Meeresbodens um den Festlandsockel. Im Zusammenspiel von Wissenschaft, Gesetzgebung und Politik entstehen verschiedenste Reibungspunkte, deren Ursachen vor allem in den heterogenen Sprachen der jeweiligen Disziplinen zu finden sind. Die

Wirkungen dieser Verflechtungen verlassen jedoch das Feld des abstrakten Diskurses und verändern faktisch das geopolitische Aussehen der Erde. Der mithilfe bildgebender Technologien produzierte Raum ist ein politischer. Hier werden die letzten Gebiete der Erde festgelegt, die noch keinem Staat durch Grenzmarkierungen zugesprochen worden sind. Ländergrenzen sind praktisch nur noch über die Seewasserlinie erweiterbar. Nicht nur die submarinen Rohstoffvorkommen sollen so rechtzeitig gesichert werden, sondern auch Fischereirechte und Handelsrouten.

Ermöglicht wurde diese Aufteilung durch das im Jahr 1994 in Kraft getretene, von sechzig Vertragsstaaten ratifizierte «Seerechtsübereinkommen der Vereinten Nationen», die «United Nations Convention on the Law of the Sea» (UNCLOS). Dieser umfassende und komplexe Gesetzestext behandelt neben der Zonengliederung, der Festlegung von Hoheitsgebieten und dem Umweltschutz auch die Definition und die Erweiterungen des Festlandsockels. Jeder Staat, der seinen Festlandsockel erweitern möchte, muss zunächst einen vorläufigen Antrag, eine sogenannte Submission, bei der Festlandsockelgrenzkommission der Vereinten Nationen, der Commission on the Limits of the Continental Shelf (CLCS), einreichen.

Ausgangspunkt des Films sind zwei Gespräche mit den Wissenschaftlern Dr. Karl Hinz und Dr. Christian Reichert. Die Monologe beider Personen werden einander gegenübergestellt und als Dialog miteinander in Beziehung gesetzt. Es geht dabei nicht darum, den Arbeitsalltag der Datenerhebung, dessen Atmosphäre oder Ästhetik darzustellen, sondern darum, die Wissenschaft in ihrer Sprache wiederzugeben, wie sie sich selbst zu erklären versucht. Die Ausführungen der beiden Forscher bilden ein Wechselspiel aus monotoner Alltäglichkeit, in der sich der Wissenschaftler selbst in seinem Arbeitsfeld erlebt und in der er die geopolitische Tragweite seiner eigenen wissenschaftlichen Tätigkeiten wie auch jener seiner Kolleginnen und Kollegen erfasst.

Die Festlandsockelgrenzkommission, die alle fünf Jahre gewählt wird, setzt sich aus 21 Mitgliedern zusammen, die einzelnen regionalen Ländergruppen zugeordnet sind. Karl Hinz war von 1997 bis 2002 Mitglied der CLCS. Seither stellt er seine dort erworbene Expertise als freier wissenschaftlicher Berater antragstellenden Ländern zur Verfügung und kennt daher beide Seiten, war Prüfer und Geprüfter. Christian Reichert hatte sich bei der vorletzten Wahl im Jahr 2007 ebenfalls um einen Sitz in der Kommission beworben.

Länder, die ihre Landesgrenzen nach der Vermessung des Festlandsockels offiziell anerkennen lassen wollen, wenden sich an die in New York tagende Kommission, deren Aufgabe es ist, nach der Begutachtung des Antrags und der Prüfung der Daten eine Empfehlung auszusprechen oder eine Nachbesserung zu verlangen. Ist einmalig eine

Empfehlung ausgesprochen worden und wurde diese vom antragstellenden Staat akzeptiert, wird die Empfehlung rechtsgültig und kann nicht mehr zurückgenommen werden.

Hat ein Staat einen Antrag eingereicht, kann er mit der Datenerhebung fortfahren, wissenschaftliche Belege sammeln, die seine Ansprüche stützen, und diese der Kommission vorlegen. Er kann sich dabei auf eine von zwei Regeln berufen, die 1994 in Artikel 76 der UNCLOS festgelegt wurden: die Sedimentregel oder die Entfernungsregel. Bei allen Berechnungsmethoden ist der Fuß des sogenannten *slope*, der stärksten graduellen Änderung des Übergangsbereichs zwischen Flachsee (Schelf) und Tiefsee, ausschlaggebend. Folgt der Antragsteller nun der sogenannten Sedimentregel, kann der Festlandsockel so weit ausgedehnt werden, wie die Sedimentmächtigkeit, also die Höhe der über dem Meeresboden abgelagerten Sedimente, noch einem Prozent der Entfernung zum *foot of the slope* entspricht. Bezieht er sich auf die Entfernungsregel, werden um den *foot of the slope* weitere sechzig Seemeilen hinzugefügt. Beide Regelungen sind dabei in ihrem Ergebnis auf eine maximale Entfernung des erweiterten Festlandsockels zur Küstenbasislinie von 350 Seemeilen beschränkt und schließen sich in ihrer Verwendung gegenseitig aus.

Der *slope* ist damit bei beiden Regelungen der ausschlaggebende Bezugspunkt. Um ihn erfassen zu können, verwendet der Antragsteller

Vermessungsschiffe mit Sidescan-Sonaren, die den Meeresboden topografisch kartieren können und den *slope* verorten. Ein Seitensichtsonar sendet hochfrequente akustische Signale in bestimmten Winkeln gen Meeresgrund und gewinnt aus der Reflektion Informationen über dessen Geomorphologie. Diese Daten werden zum Teil noch auf See ausgelesen und «geputzt». Die Wissenschaftlerinnen und Wissenschaftler entfernen aus den Daten – manuell oder per Computerprogramm – Fehlausschläge des Sonars. Dieser Vorgang muss reversibel und nachvollziehbar sein. An Bord ist zudem immer eine unabhängige Person, die zur Qualitätskontrolle die Messung überwacht und dokumentiert. Bei der Abgabe müssen sowohl die gesammelten Felddaten als auch die interpretierten Daten und Karten des Meeresbodens, zusammen mit einer detaillierten Beschreibung der verwendeten Filterprozesse, abgegeben werden. Aus den bathymetrischen Daten lassen sich mithilfe von Computerprogrammen dreidimensionale Topografien des Meeresbodens erstellen. Die seismischen Messungen liefern auf Basis der tieffrequenten akustischen Signale, die von einem langen, nahe über dem Untergrund hinter dem Schiff gezogenen Streamerkabel empfangen werden, Aufschlüsse über die Schichtung des Meeresbodens. Diese Messvariante ist vor allem für die Sedimentregel relevant. Die bildgebenden Verfahren dienen im Falle der Meeresbodenerfassung der Visualisierung akustischer Reflexionen.

Die hochauflösende Bathymetrie ist eine Technik, die der Wissenschaft erst seit etwa zwanzig Jahren zur Verfügung steht. Erst durch die dadurch gewonnenen Informationen wurde es möglich, die im UNCLOS juristisch festgelegten abstrakten Parameter konkret zu definieren. Der Gesetzestext stammt aus einer Zeit, in der die technischen Aufzeichnungsapparate in dieser Form noch nicht vorhanden oder erheblich unpräziser waren. Ähnlich verhält es sich mit den im Gesetzestext verwendeten Begriffen. Die stete Weiterentwicklung der Technik und damit der maritimen Geowissenschaften selbst erfordert eigentlich eine Aktualisierung des Seerechtsübereinkommens. Das «Aufschnüren» des Gesetzestextes erscheint aber schon aufgrund der komplexen Struktur und langwierigen Entstehungsgeschichte des Gesetzes einerseits und der vielfältigen Interessen und wachsenden potenziellen Ansprüche der Staaten andererseits unmöglich.

Die Bundesanstalt für Geowissenschaften und Rohstoffe (BGR) in Hannover ist eine technisch-wissenschaftliche Oberbehörde des Bundesministeriums für Wirtschaft und Technologie. Als geowissenschaftliches Kompetenzzentrum und geologischer Dienst des Bundes sind ihre Themenbereiche Grundwasser, Boden und der Untergrund als Speicher- und Wirtschaftsraum, mineralische Rohstoffe und Energierohstoffe. Für die Meeresforschung werden Seitensichtsonare und Sedimentecholote verwendet, welche aus der Reflektion von hoch- oder tieffrequenten akustischen Signalen Informationen gewinnen, um Informationen über die Meeresbodenbeschaffenheit zu erhalten.

Virtopsy

Regie, Kamera, Schnitt, Ton, Mischung:
Christoph Oeschger

Ort: Universität Zürich
Drehzeit: 2012
Technik: HD-Video, 16:9, Farbe, stereo
Länge: 20 Min.

Institution: Abteilung Forensische Medizin & Bildgebung am Institut für Rechtsmedizin der Universität Zürich

Bildgebungsverfahren: Virtobot; Siemens Dual Source SOMATOM Definition Flash (Computertomograf); Philips Achieva 3.0T (Magnetresonanztomograf)

Mitwirkender im Film: Robert Breitbeck

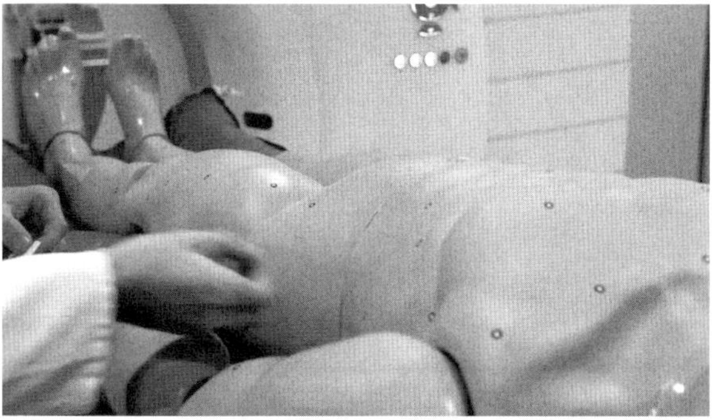

A

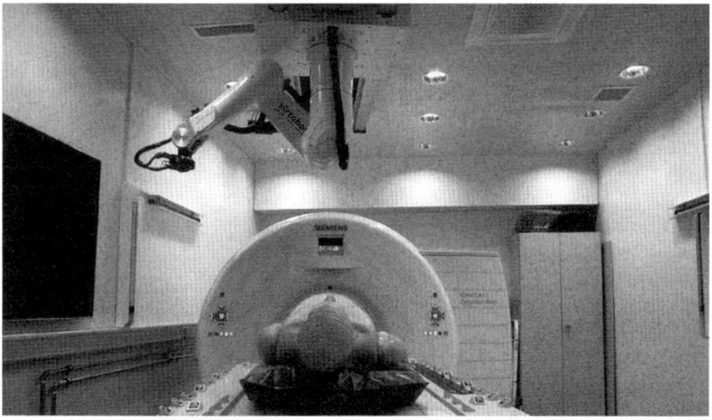

B

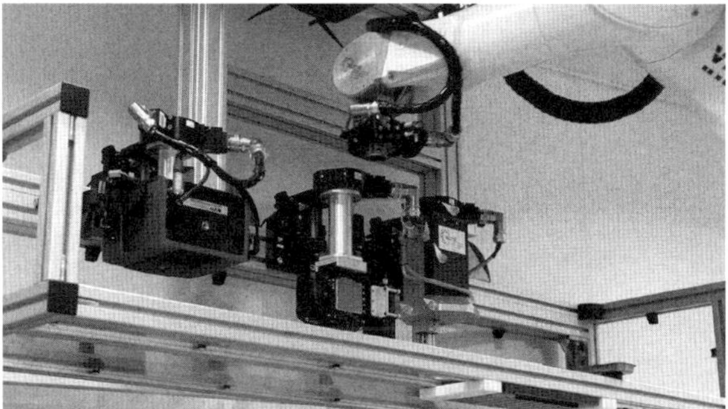

C

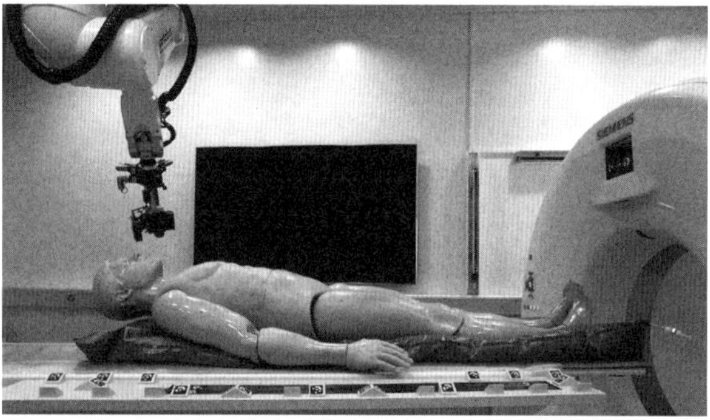

D

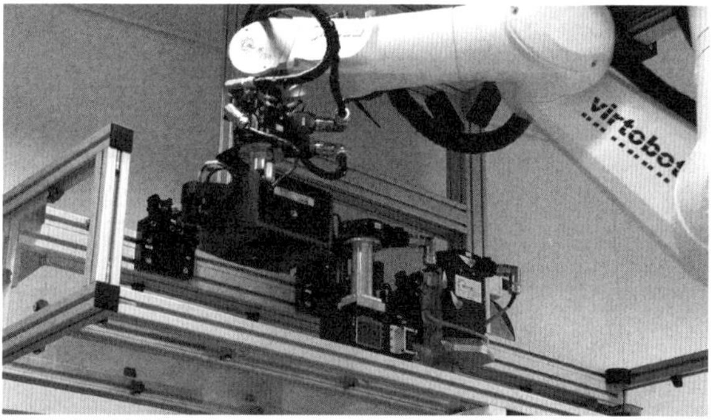

E

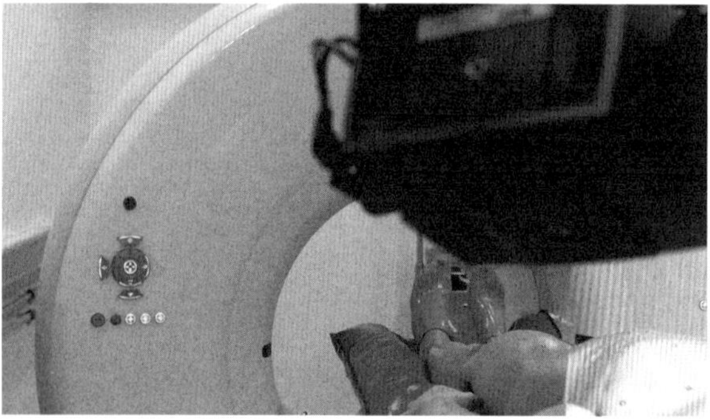

F

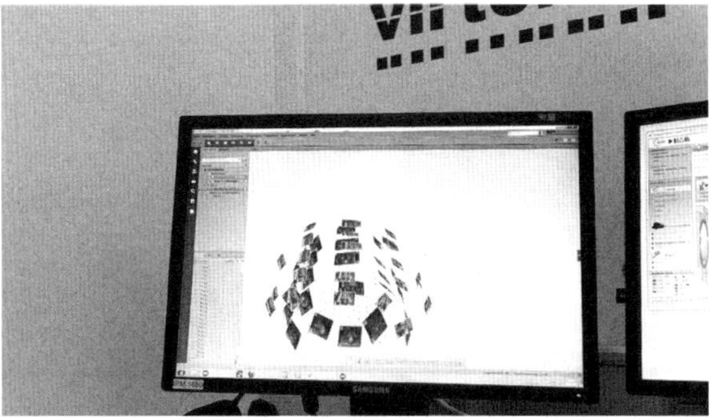

G

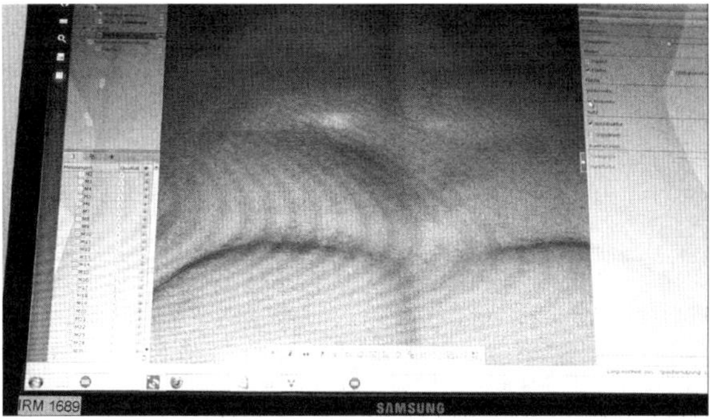

H

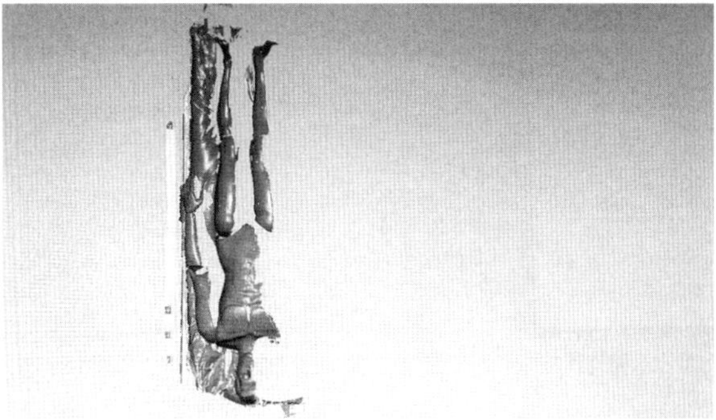

I

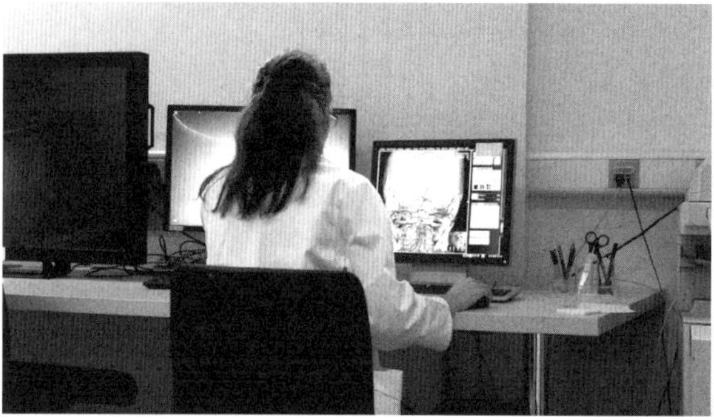

J

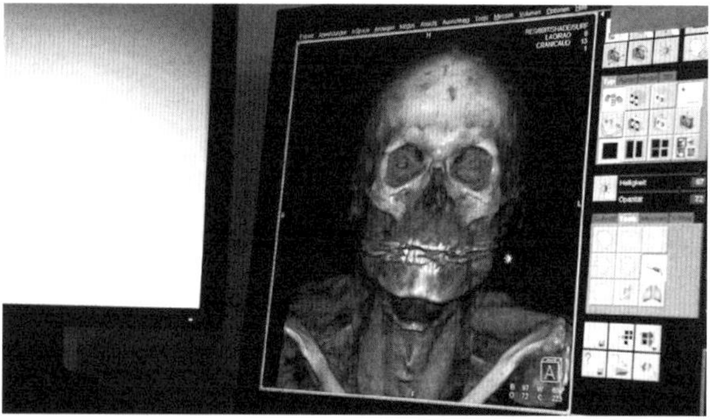

K

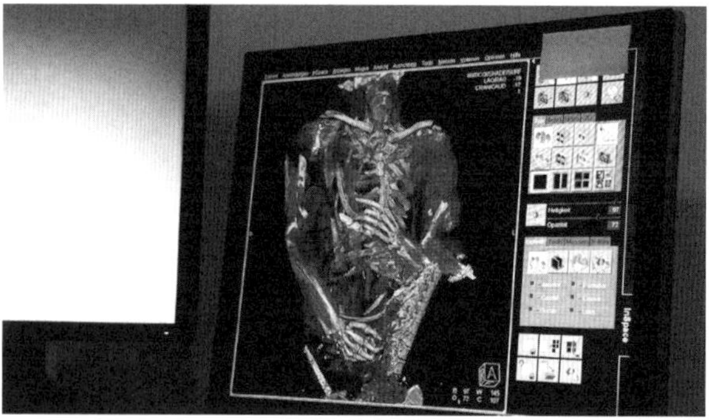

L

A Messpunkte werden vor dem Scan auf der Testpuppe angebracht

B Der Körper liegt unter dem «Virtobot», einer Kombination aus 3-D-Scanning und Fotografie, Computertomografie und Biopsie

C Der Roboterarm greift die Kamera

D Fotoaufnahme zur Dokumentation der Farbigkeit des Testobjekts

E Der Roboterarm greift den 3-D-Scanner

F Der 3-D-Scanner projiziert ein Raster und scannt die Oberfläche

G Durch Fotogrammetrie werden die Fotografien und die Daten des Scans zusammengefügt

H Die Verbindung der Messpunkte erzeugt eine dreidimensionale Struktur

I Ein dreidimensionales Abbild der Testpuppe

J Eine Mitarbeiterin wertet die Daten aus

K Die Kombination verschiedener bildgebender Verfahren ermöglicht die Abbildung weicher und fester Strukturen des Körpers

L Die Daten erlauben eine Sicht durch die verschiedene Schichten des Körpers

In der Abteilung Forensische Medizin & Bildgebung am Institut für Rechtsmedizin der Universität Zürich wird unter der Leitung von Prof. Dr. Michael Thali an der Verwendung von bildgebenden Verfahren für die Rechtsmedizin geforscht. Dabei kommen neueste medizinische Technologien, aber auch Computer- und Vermessungstechnologien zur Anwendung. Das Projekt trägt den Namen «Virtopsy» (virtuelle Autopsie).

Im Labor für virtuelle Autopsien werden aus herkömmlichen Fotografien, Oberflächenscans sowie Daten, die durch Computertomografie (CT) und Magnetresonanztomografie (MRT) gewonnen werden, dreidimensionale Modelle von Körpern erstellt. Eine zu untersuchende Leiche wird zuerst mit Referenzpunkten versehen, anhand deren der «Virtobot», ein hochbeweglicher Industrieroboter, die Konturen des Körpers erfasst und die Textur der Haut scannt. Am Computer wird daraus per Fotogrammetrie ein Vermessungsplan der Körperoberfläche erstellt. Die innere Struktur des Körpers wird mittels der radiologischen Schnittbildtechniken MRT und CT sichtbar. Durch das Zusammenfügen all dieser Verfahren entsteht ein dreidimensionales digitales Körpermodell. Die Magnetresonanztomografie und die Computertomografie sind mittlerweile gängige Verfahren in der medizinischen Radiologie, und auch das Oberflächenscanning wird bereits seit Längerem durchgeführt. Neu ist jedoch das Zusammenspiel dieser beiden Methoden.

Dieses Vorgehen ermöglicht der Rechtsmedizin eine neue Form der Autopsie, bei der Leichen nicht mehr aufgeschnitten werden müssen. Darüber hinaus kann in der Forensik mit diesem Verfahren der dreidimensionale Körper per Mausklick von allen

Seiten betrachtet und Schicht für Schicht – von der Oberfläche über die inneren Organe bis hin zu den Knochen – untersucht werden. Das technische Wissen hierfür kommt aus unterschiedlichen Bereichen. Neben klassischen Rechtsmedizinern arbeiteten Radiologen, aber auch Vermessungstechniker an der Entwicklung des Virtopsy-Verfahrens. Die angewendete Fotogrammetrie stammt aus dem 19. Jahrhundert und wird auch heute noch von Geografen zur Vermessung von dreidimensionalen Objekten in ihrer räumlichen Lage verwendet.

Im Gegensatz zur herkömmlichen Autopsie ist es bei Virtopsy möglich, Verletzungsfolgen viel präziser zu erkennen. Zudem ist dieses Verfahren deutlich hygienischer, da auf das Öffnen der Leichen verzichtet werden kann. Sinnliche Formen der Wahrnehmung wie das Riechen oder das Tasten gehen bei dieser Methode jedoch verloren. Abgesehen vom Oberflächenscanning können die Untersuchungen auch durchgeführt werden, wenn sich der Körper im Leichensack befindet. So entsteht eine Distanz zum Toten. In Interviews wird dies manchmal auch als Vorteil genannt; vor allem bei schweren Verletzungen oder im Falle von Kinderleichen kann die psychische Belastung der beteiligten Mitarbeiterinnen und Mitarbeiter durch den Einsatz dieser Methode wesentlich verringert werden.

Neben der Klärung von Todesursachen wird das Virtopsy-Verfahren auch in Kombination mit polizeilichen 3-D-Scans von Tatorten und Gegenständen verwendet, um so eine Rekonstruktion eines Tat- oder Unfallhergangs zu erhalten. Verletzungen mit Tatwaffen, Fahrzeugen oder Gegenständen können mit dieser Methode bestimmt werden, ohne die Leiche zu berühren. Mit Programmen, die für die Herstellung von Zeichentrickfilmen entwickelt wurden, lassen sich die Daten zusammenführen und animieren. Das digitale Körpermodell kann im Computer erneut bewegt werden, jedoch nur so, wie es der vermessene Körper tatsächlich erlaubt hätte: Der tote Körper wird zur Marionette. An die Staatsanwaltschaft werden Standbilder aus diesen Animationen weitergeleitet.

Das Virtopsy-Verfahren lässt sich auch bei lebenden Personen anwenden, etwa bei Unfällen oder Gewaltdelikten. So kann ein Forensiker von den Verletzungsspuren auf die Tatwaffe schließen und die Wirkung auf ihre Ursache zurückführen. Der Begriff der Tatwaffe umfasst hier neben Schuss-, Stich- oder Schlagwaffen auch Bissspuren oder Schuhprofile. Diese Spuren am menschlichen Körper werden oft erst durch den Einsatz eines Scanners sichtbar.

Während eines Fellowships, das Michael Thali am Armed Forces Institute of Pathology (AFIP) in Rockville, Maryland, absolvierte, führte die US-Armee zum ersten Mal systematische Obduktionen von Soldaten durch. Bei diesen kamen auch erstmals bildgebende Verfahren zum Einsatz. Die virtuelle Leichenöffnung ermöglichte es erstmals, in kurzer

Zeit die Todesursache einer großen Anzahl von Soldaten festzustellen. Einerseits ging es darum, den Angehörigen Klarheit über die Umstände des Todes zu verschaffen, andererseits nutzt das US-Militär die Daten, um Aufschluss über unzureichende Sicherheitsvorkehrungen der Soldaten zu erlangen. Diese Erkenntnisse werden benötigt, um verbesserte Schutzanzüge für das Militär zu entwickeln.

Virtopsy zeichnet sich vor allem durch die Möglichkeit der Datenarchivierung aus – dies ist wohl der größte Unterschied zur herkömmlichen Obduktion. Beim Virtopsy-Verfahren werden die Daten digital gespeichert. Eine Leiche kann daher auch Jahre später – beispielsweise bei der Wiederaufnahme eines Falls – erneut begutachtet werden. Die Daten können auch verschickt und so von Expertinnen und Experten weltweit untersucht werden. Der tote Körper wird also mobil und archivierbar. Diese digitale Speicherung des ganzen Körpers ist bei der herkömmlichen Leichenschau nicht möglich; hier wird lediglich ein einmaliges Gutachten vonseiten der Gerichtsmedizin erstellt, danach wird der tote Körper zur Bestattung freigegeben. Bei der Wiederaufnahme eines Falls müssen die Gerichte daher immer auf ein bereits vorhandenes Gutachten zurückgreifen, während bei Virtopsy eine erneute Begutachtung möglich ist.

Lange war das Verfahren vor Gericht nur als Ergänzung zur herkömmlichen Autopsie zugelassen, mittlerweile ist Virtopsy jedoch als Beweismethode anerkannt. Michael Thali ist der Meinung, dass die Objektivität des Verfahrens durch die schiere Unmöglichkeit der Verfälschung gesichert ist. Das Labor beruft sich dabei auf die «Präsentation von objektiven Befunden».[1] Auch wenn Virtopsy ein enorm präzises Verfahren ist, bleibt es dennoch ein Modell, das immer noch einer Interpretation bedarf. Somit muss auch die Beweiskraft des Bildes hinterfragt werden.

Richard Dirnhofer, ehemaliger Direktor des Institutes für Rechtsmedizin der Universität Bern, betont die besondere Rolle des Bildes: «Das Bild ersetzt die Sprache. Das Bild wird als Kommunikation verwendet, auch innerhalb der Wissenschaftsgesellschaft.»[2]

Die herkömmliche Autopsie bedarf der Sprache: Gerichtsmedizinerinnen und Gerichtsmediziner verfassen Gutachten, die als Beweismittel vor Gericht gelten. Diese Sprachbeweise treten bei Virtopsy in den Hintergrund. Der einmalige Sprachbefund wird durch einen Bildbefund ersetzt. Außerdem können

1 Robert Breitbeck, *3-D-Dokumenationsmethoden am IRMZ – Prinzip und Anwendung*, PowerPoint-Präsentation, 01.12.2011, Institut für Rechtsmedizin, Universität Zürich.

2 Prof. Dr. Richard Dirnhofer, ehemaliger Direktor des Instituts für Rechtsmedizin der Universität Bern und Gründer der Virtopsy Foundation. Aus einem Interview in der Sendung «Die Zukunft heisst Virtopsy», *NZZ Format*, 01. 10. 2006, online: www.virtopsy.com/index.php/movies, 02. 01. 2013.

die digitalen Modelle immer wieder herangezogen und neu beurteilt werden. Das Bild ersetzt so die Sprache.

Der Film *Virtopsy* dokumentiert die Arbeit im Virtopsy-Labor. Die Beobachtungen werden von einer Erklärung unterbrochen; der Vermessungsingenieur Robert Breitbeck informiert über das Oberflächenscanning und die Fotogrammetrie. Dies ist der einzige Kommentar zu den Vorgängen im Film. Neben dem sogenannten «Virtobot», der beinahe vollautomatisch funktioniert, werden die Menschen zu Statisten.

Aus rechtlichen Gründen wurden mir die Vorgänge im Labor nur anhand einer Puppe gezeigt, die von den Mitarbeiterinnen und Mitarbeitern des Labors liebevoll «Fred» genannt wird.

«Virtopsy» ist ein bildgebendes Verfahren im Bereich der forensischen Medizin, dessen Anwendung im Rahmen eines Forschungsprojekts am Institut für Rechtsmedizin der Universität Zürich untersucht wird. Geforscht wird an der Anwendung moderner bildgebender Verfahren im Bereich der forensischen Medizin. Durch den Einsatz moderner Techniken ist es möglich, forensische Befunde mit nur minimalinvasiven Eingriffen durchzuführen. Ein Roboterarm, der «Virtobot», erzeugt mit dem Computertomografen Siemens SOMATOM Definition Flash (2×128-Slice-Dual-Source-Scanner) und dem Magnetresonanztomografen Philips Achieva 3.0 T die benötigten Bilder.

Vollautomatisches Melken

Regie, Kamera, Schnitt: Lisa Bergmann
Ton: Valentin Döring, Susan Funk,
Elke Reinhuber, Philipp Schell
Mischung: Christian Berkes

Drehort: GEA Farm Technologies, Bönen (Westfalen); Palmhof, Bräunlingen (Breisgau)
Drehzeit: 2012–2013
Technik: HD-Video, 16:9, Farbe, stereo
Länge: 20 Min.

Institution: GEA Farm Technologies

Bildgebungsverfahren:
3-D-Time-of-Flight-Kamera

Mitwirkende im Film: Familie Ewald,
Elmar Nieswand, Andreas Springer

Dank an: Mareile Schulte

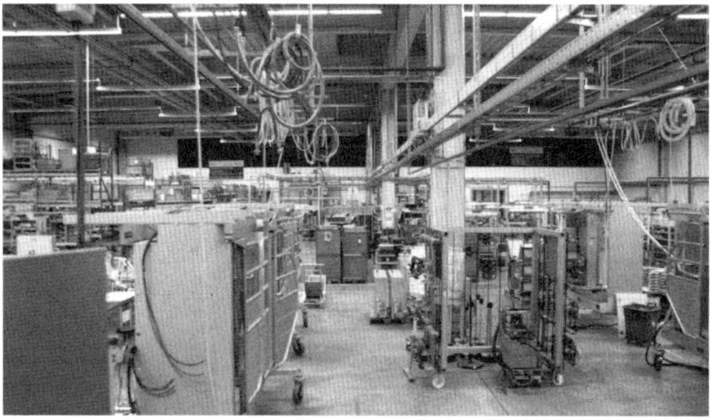

A

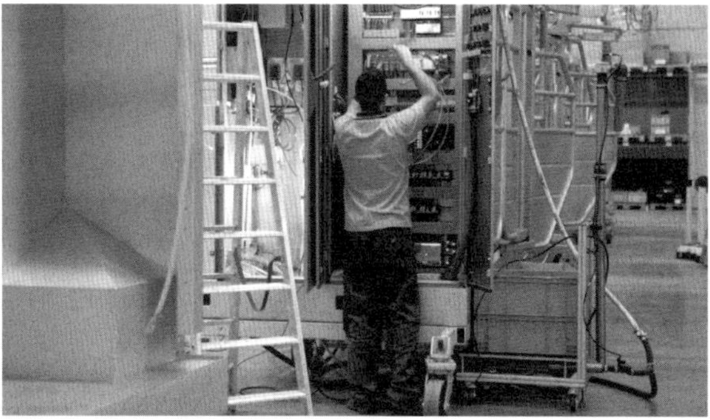

B

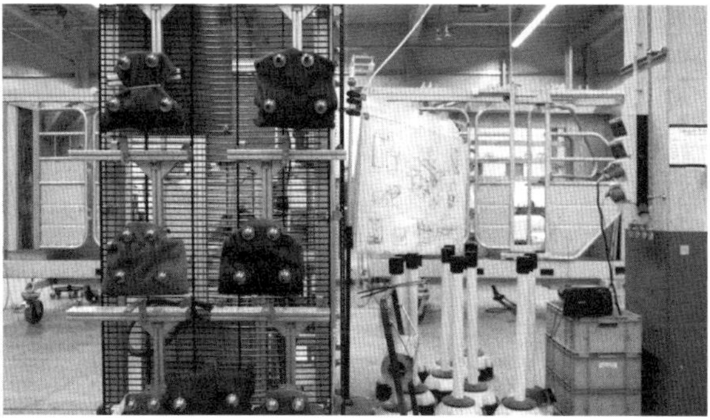

C

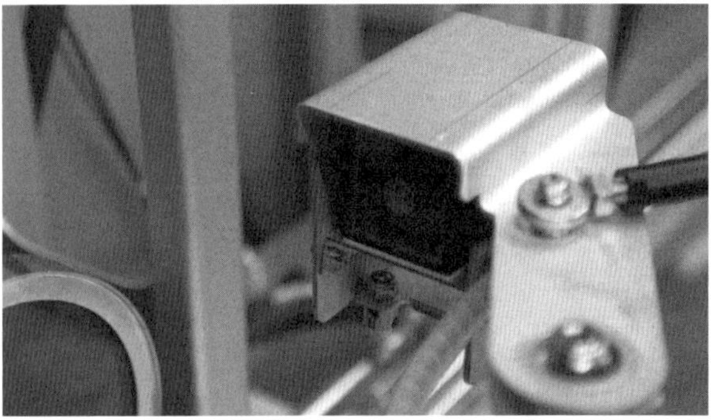

D

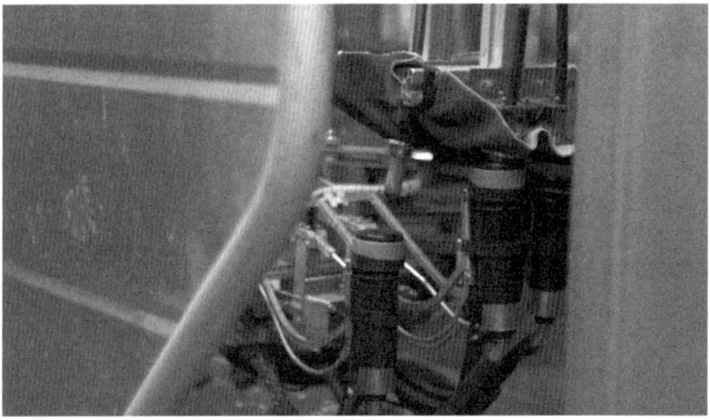

E

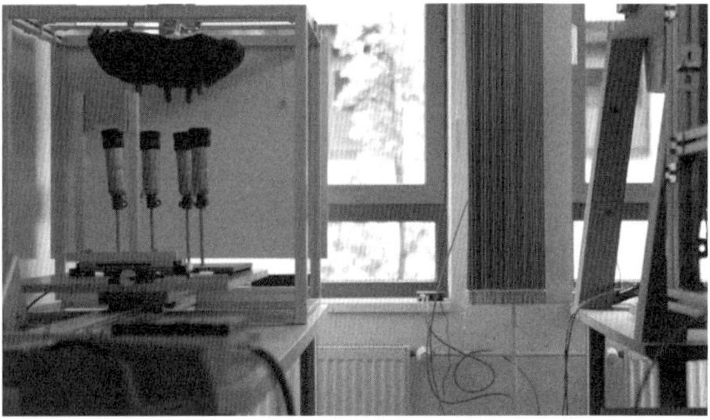

F

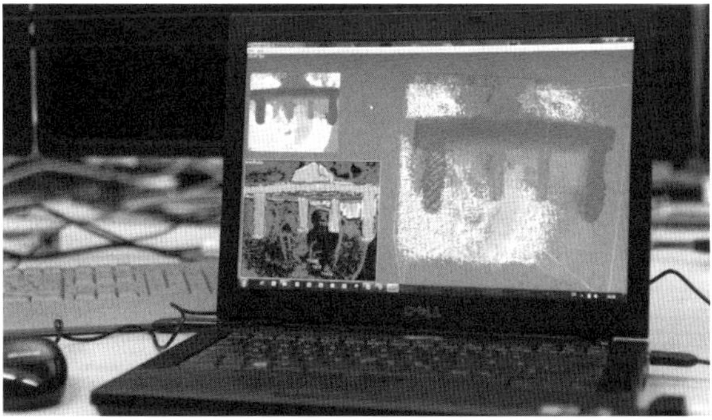

G

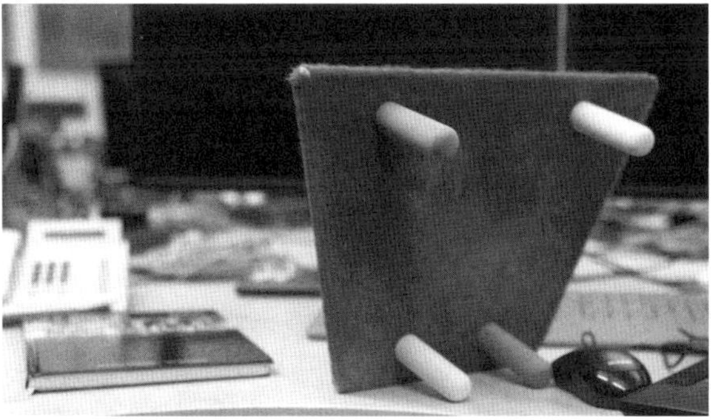

H

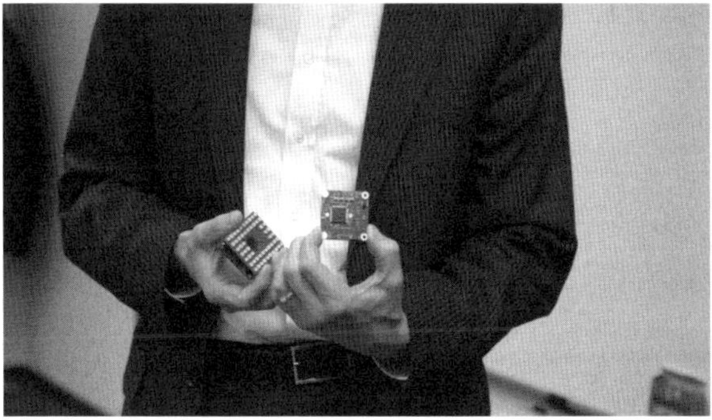

I

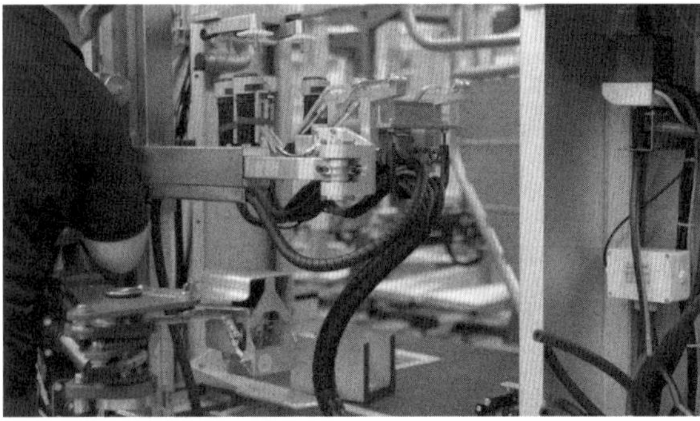
J

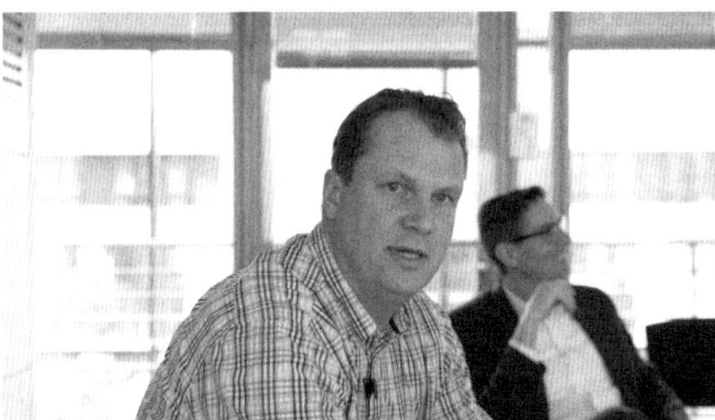
K

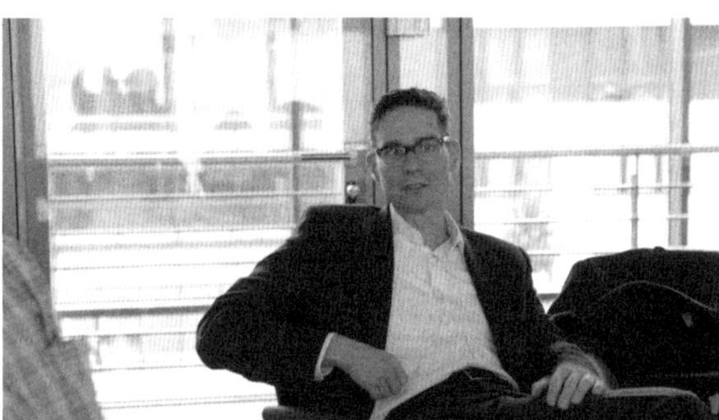
L

A Montagehalle der Firma GEA Farm Technologies

B Verschaltung der elektronischen Bauelemente des Melkroboters

C Testeuter in der Montagehalle der GEA

D 3-D-Kamera des Melkroboters

E Ansetzen der Melkbecher an den Testzitzen

F Im Entwicklungslabor der GEA

G Darstellung des Testobjekts auf dem Kamerabild als Punktwolke

H Zitzen aus synthetischem Material

I Chip der Kamera

J Ansetzarm mit Melkbechern und Kamera

K Andreas Springer

L Elmar Nieswand

Auszug aus einem Interview mit Elmar Nieswand, Director Electronic Software Equipment, und Andreas Springer, Module Competence Center Vision & Sensors Gruppenleiter

Im Besprechungsraum der GEA Farm Technologies in Bönen, am 30. Oktober 2012

EN: Heute sehen wir ganz klar, dass die Zukunft in immer höherer Automatisierung liegt; das heißt, die Aufgaben des Menschen werden in immer größerem Maße von Sensorik übernommen.

Visuelle Sensoren haben dabei den Vorteil, dass sie das Auge des Farmers ersetzen. Beim Melken unterscheidet man zwischen dem manuellen Melken, bei dem ein Landwirt das Melkzeug an die Zitzen der Tiere führt, um den Melkvorgang zu starten, und dem vollautomatischen Melken; bei Letzerem gehen die Tiere zu einem Robotersystem, das den Melkbecher zu den Zitzen der Tiere bringt. Das vollautomatische Melken ist unser größter Wachstumsbereich. Immer mehr wird automatisiert und vollautomatisiert. Die Bildverarbeitung ist für das vollautomatische Melken eine Schlüsseltechnologie. Wir haben uns 2008 entschieden, auf die sogenannte Time-of-Flight-Technologie (ToF) zu setzen, die damals gerade aus den Forschungslaboren kam. Es gab erste Praxismuster dieser Kamerasysteme, aber es war eine sehr junge Technologie, und es hat uns einiges an Kraft und Anstrengung gekostet, diese gemeinsam mit unseren Partnern zur Serienreife zu führen. Weltweit sind wir das erste Unternehmen, das die ToF-Technologie in einer Serienapplikation einsetzt.

Als wir angefangen haben, war unsere Vision, das nachzubilden, was der Mensch tut: Wenn ich ein Glas greifen will, fahre ich nicht mit meiner Hand zehn Zentimeter in diese Richtung und dann zehn Zentimeter in jene Richtung, sondern ich schaue auf meine Hand, schaue auf das Glas und bringe die beiden in Übereinstimmung. Das ist die Leistung des Gehirns: nicht absolut zu verfahren, sondern auf den relativen Abstand zwischen Glas und Hand zu achten. Wenn sich das Glas noch bewegen würde, könnte ich korrigierend eingreifen und dem Glas hinterhergehen. Diese Chance bietet die 3-D-Time-of-Flight-Technologie: Ich sehe in einer Szene den Melkbecher und die Zitzen, bringe den Becher an die Zitze und regle den Abstand zwischen den beiden nur relativ. Das ist das Revolutionäre an dem System. Und das ist es auch, was uns von allen anderen Wettbewerbern unterscheidet. Mit Lasertriangulation schaue ich nur, wo das Glas ist, und fahre mit meinem Roboter an diese Stelle. Ich gehe davon aus, dass ich über die Rückmeldung aus dem System genau bestimmen kann, wo sich der Roboter befindet. Wenn sich aber durch irgendein Ereignis der Roboterarm oder der Greifer verstellt, werde ich das Objekt nie treffen.

AS: Der Roboter greift das Melk-Rack, fährt damit unter das Tier, identifiziert die Zitzen und versucht den jeweiligen Becher zur Zitze hin auszurichten, um den Becher dort anzusetzen. Das Ganze erfolgt sequenziell, Becher für Becher, und damit ist der Ansetzvorgang erfolgreich abgeschlossen.

Aber wie funktioniert die Time-of-Flight-Technologie? Ich schicke Licht mit bekannter Wellenlänge los und stoppe die Zeit, bis dieses Licht, reflektiert von dem zu messenden Objekt, auf meine Detektorfläche auftrifft. Über die Flugzeit kann ich berechnen, wie weit das Objekt entfernt ist. Wenn ich ein weiter entferntes Objekt habe, muss ich relativ viel Licht losschicken. Beim Melken sind wir im Nahbereich – bei 300 bis 600 Millimeter. Bei sehr viel Licht und hellem Euter würde das Bild übersättigt werden, deswegen müssen wir die Lichtleistung begrenzen. Wenn wir aber unter diesen Bedingungen eine mattschwarze Zitze haben, wird das Objekt nicht als Zitze erkannt. Rauere Oberflächen sorgen dafür, dass mehr Licht absorbiert und weniger Licht reflektiert wird. Dann wird die Erkennung ein bisschen schwieriger. Das hat aber nichts mit der Farbe zu tun. Es geht darum, ob die Oberfläche überhaupt ein Reflektor ist oder nicht. Wir arbeiten nicht mit sichtbarem Licht, sondern mit Nahinfrarotlicht; man darf sich also nicht täuschen lassen und denken, dass die Kamera genau so sieht wie wir.

EN: In den Anfängen der 3-D-Bildverarbeitung versuchte man, was mit 2-D gemacht wurde, auf 3-D anzuwenden. Man hat schnell festgestellt, dass man einen weitaus größeren Nutzen daraus ziehen kann, wenn man die dritte Dimension von vornherein in die Algorithmen miteinbezieht. 3-D ist ein absoluter Trend, den man jetzt auch an den Universitäten sieht. Dazu hat die Microsoft-Kinect-Technologie viel beigetragen, weil 3-D-Kameratechnologie plötzlich extrem preiswert verfügbar war. Heute kann sich das jeder Student für

200 oder 300 Euro kaufen und damit 3-D-Bildverarbeitung machen. In ein paar Jahren wird diese Entwicklung dafür gesorgt haben, dass im 3-D-Bereich viel mehr Know-how zur Verfügung steht.

Im ersten Schritt der Objekterkennung erhalte ich ein Bild mit ganz vielen Pixeln, eine Punktwolke mit kartesischen 3-D-Informationen. Durch Filterung muss ich aus dieser unendlich großen Zahl von Informationen weniger Informationen machen. Man versucht, sogenannte Kanten zu finden und ganz rudimentäre bildverarbeitende oder mathematische Operationen laufen zu lassen, mit denen man die Anzahl der Informationen im Bild von hundert Prozent auf ein Prozent oder ein Promille verringert. Nur mit diesem einen Promille kann man mit der heutigen Rechenleistung – die ja schon gigantisch ist – überhaupt weiterarbeiten, da es sonst zu viel Information gibt. Ziel ist es, den Informationsgehalt so weit zu reduzieren, dass ich einerseits nichts Wesentliches verliere, andererseits aber möglichst wenig Daten behalte, um effizient und schnell weiterarbeiten zu können.

AS: Man muss sich vollautomatisches Melken so vorstellen: Das ist komplett freiwilliger Tierverkehr, das heißt, die Kühe können ihren Biorhythmus ausleben und zum Melken kommen, wann sie wollen. Kühe haben in der Herde eine relativ starke Hierarchie. Es gibt eine ranghohe Kuh. Ein rangniedrigeres Tier versucht zu verhindern, mit diesem Tier in Berührung zu kommen. Die ranghohen Tiere sind die, die beim normalen Gruppenmelkstand immer im ersten Durchlauf sind. Sie schubsen alle beiseite. Wenn man Roboter einsetzt, sind das jene Tiere, die zu den alten Melkzeiten kommen, morgens zwischen sechs und acht Uhr und abends zwischen sechs und acht Uhr. Die rangniedrigeren Tiere ordnen sich so ein, dass sie zum Beispiel in der Mittagszeit oder nachts um zwei kommen. So pendelt sich das Gesamtsystem ein, und jede Kuh kann sich komplett stressfrei – oder stressfreier als beim konventionellen Melken – ausleben. Ein Nebeneffekt ist, dass man ein bisschen mehr Milch bekommt; aber das hält sich im Rahmen, es sind fünf bis zehn Prozent mehr. Man kann einstellen, wie oft ein Tier zum Melken darf. Ein hochlaktierendes Tier darf auch viermal am Tag kommen.

EN: Für unser Equipment spielt es keine Rolle, um welchen Typ Landwirt es sich handelt, ob er biologische oder konventionelle Landwirtschaft betreibt. Unsere Technik steht keinem dieser Produktionsverfahren entgegen.

AS: Im konventionellen Milchviehbetrieb muss der Bauer morgens von sechs bis acht Uhr im Melkstand stehen, je nachdem, wie viele Tiere er hat. Abends wird auch gemolken, sieben Tage die Woche. Das ist der größte softe Faktor bei der Automatisierung: die Flexibilisierung der Arbeitszeit. Es ist egal, ob der Bauer um sechs oder sieben Uhr am Computer nachschaut, welche Tiere auffällig oder überfällig sind, oder um acht. Er kann sich seinen Tag anders einteilen, er verlagert seine Tätigkeit von der Tierbeobachtung zur Dateninterpretation. Aber ich will damit nicht sagen, dass er dadurch weniger Arbeit hat – er hat eine andere Arbeit.

EN: Was damit einhergeht, ist, dass der Bauer seine Arbeitsleistung von einer körperlichen zu einer geistigen Tätigkeit verlagert – er muss seinen Betrieb managen. Wenn ich noch selbst melke, sehe ich das Tier mindestens zweimal am Tag; das heißt, ich habe einen guten Eindruck, wie es meinen Tieren gesundheitlich geht. Beim vollautomatischen Melken sehe ich das Tier womöglich gar nicht und bin auf Daten angewiesen, die mir das System liefert. In der Landwirtschaft und auch im Milchviehbereich findet ein starker Strukturwandel statt. Einerseits werden die Herden immer größer, immer mehr wird automatisiert, aber auch der Anspruch an den Landwirt selbst steigt. Manchmal ist es für Landwirte eine Umstellung zu lernen, nicht händisch einzugreifen, weil es das System aus dem Takt bringt.

GEA Farm Technologies ist ein in Bönen, Westfalen, ansässiger Hersteller von Systemlösungen für die Nutztierhaltung. Neben der Planung von Stalleinrichtungen und Herdenmanagement entwickelt das Unternehmen vollautomatische Melkroboter. Die von GEA Farm Technologies produzierten Melkmaschinen verfügen über 3-D-Lasersensoren, die auf Basis der Time-of-Flight-Technologie das Euter einer Kuh erkennen und den Melkbecher ansetzen.

Räume, Maschinen

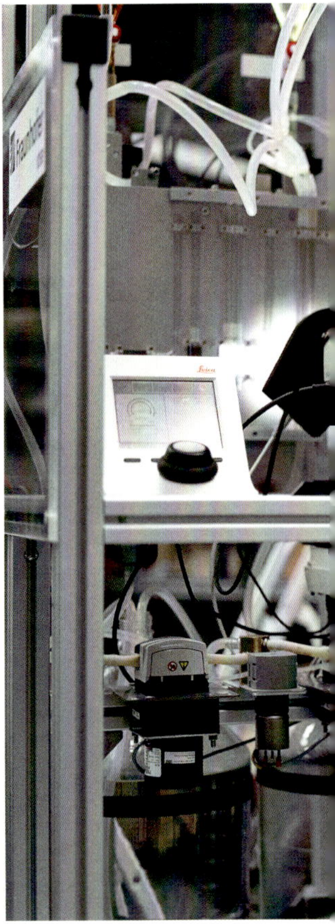

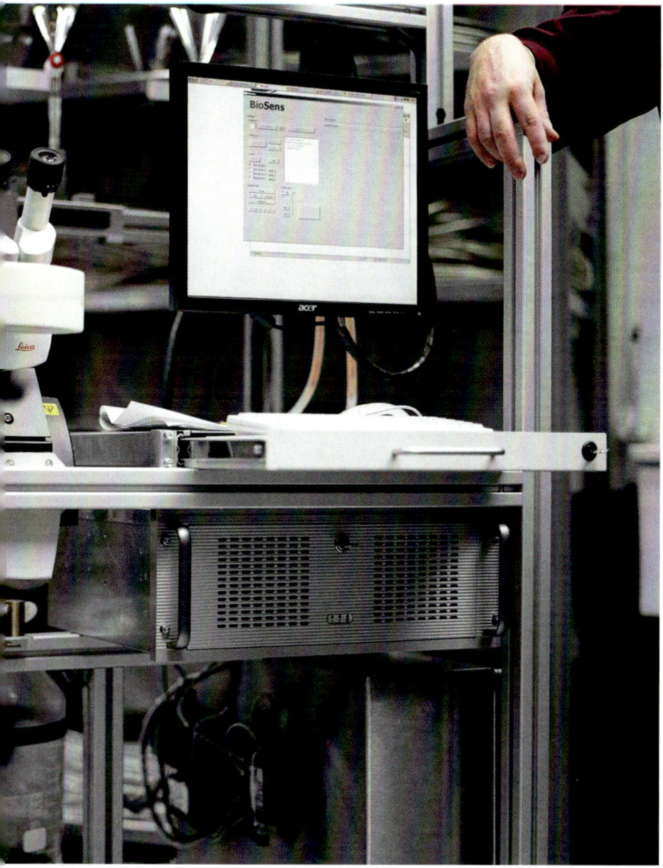
BioSens
acer

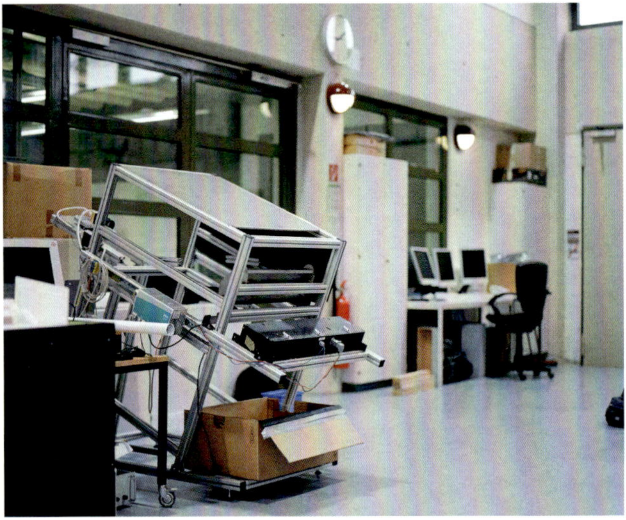

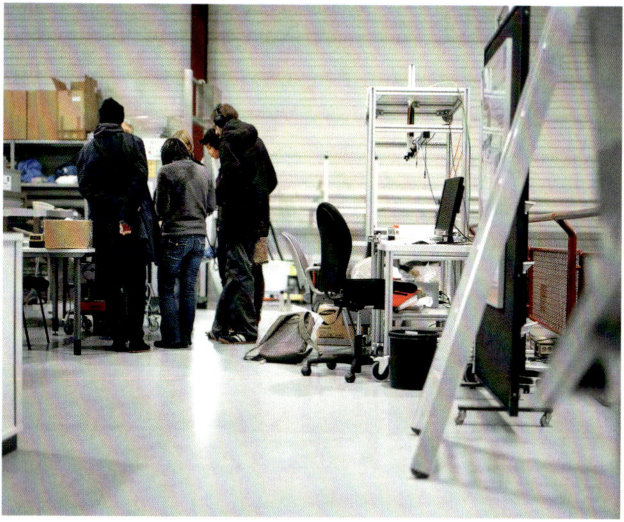

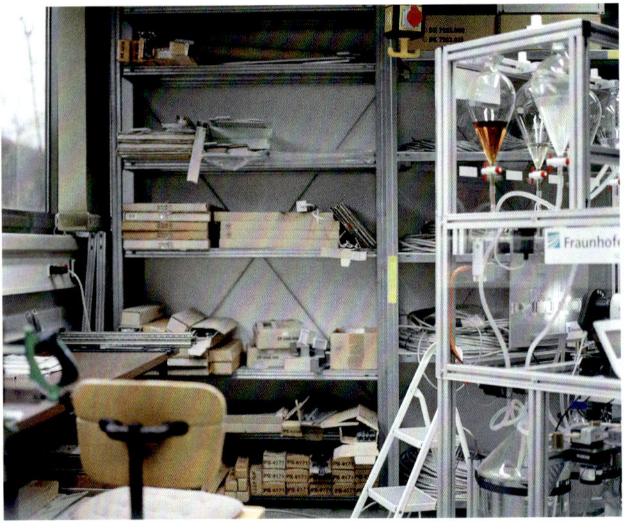
Fraunhofe

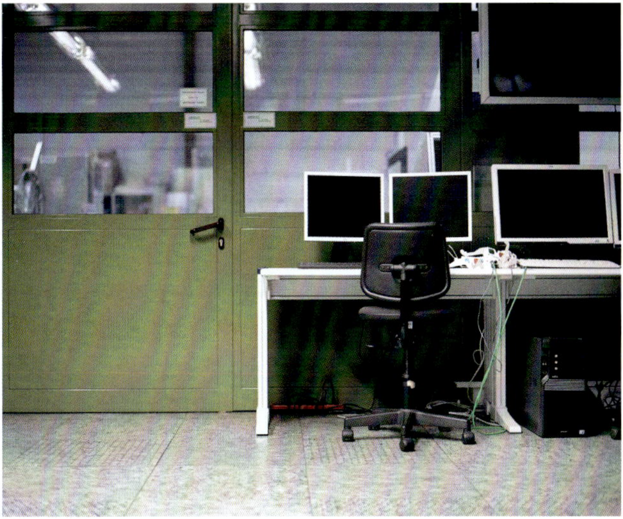

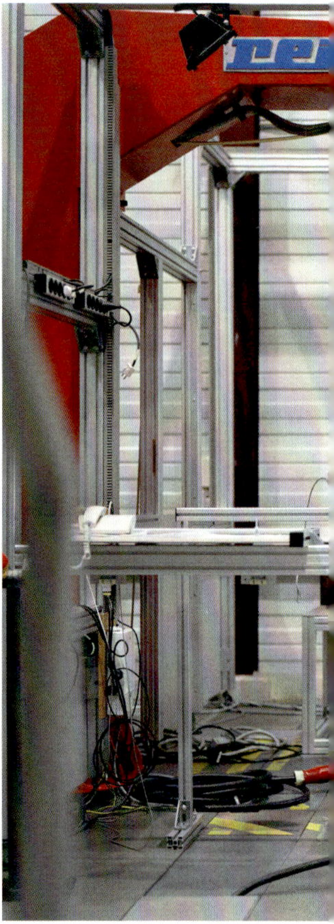

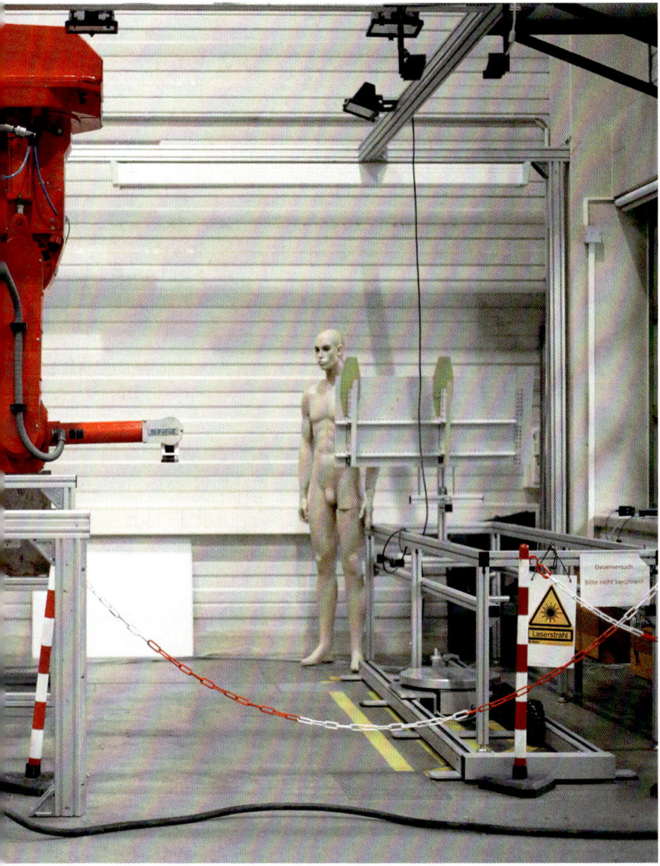
Dauerversuch
Bitte nicht berühren!
Laserstrahl

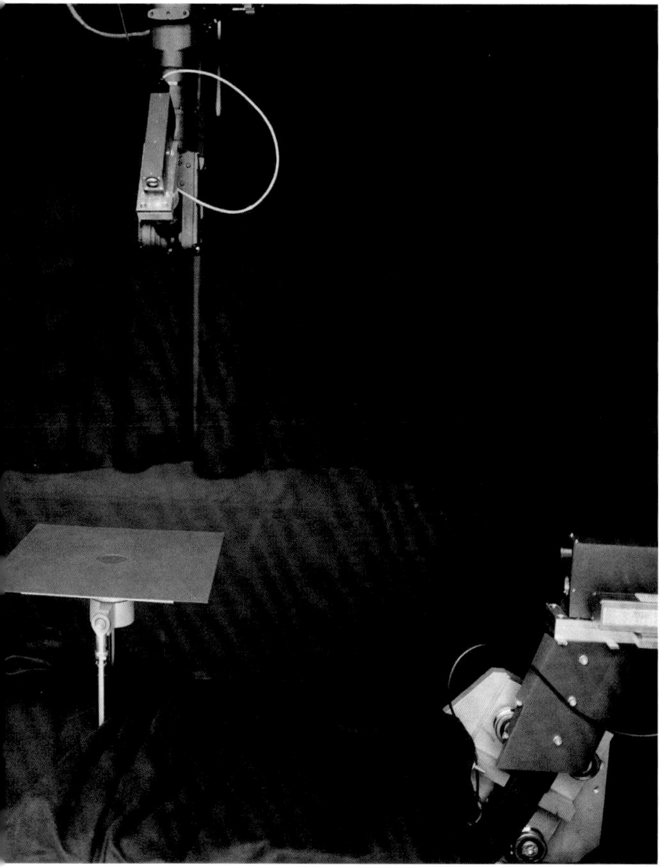

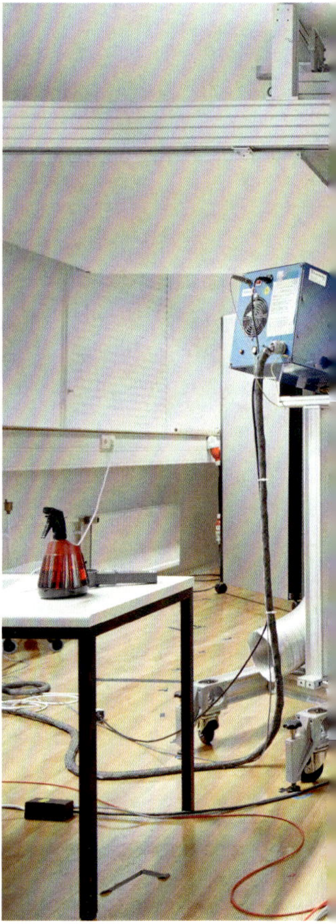

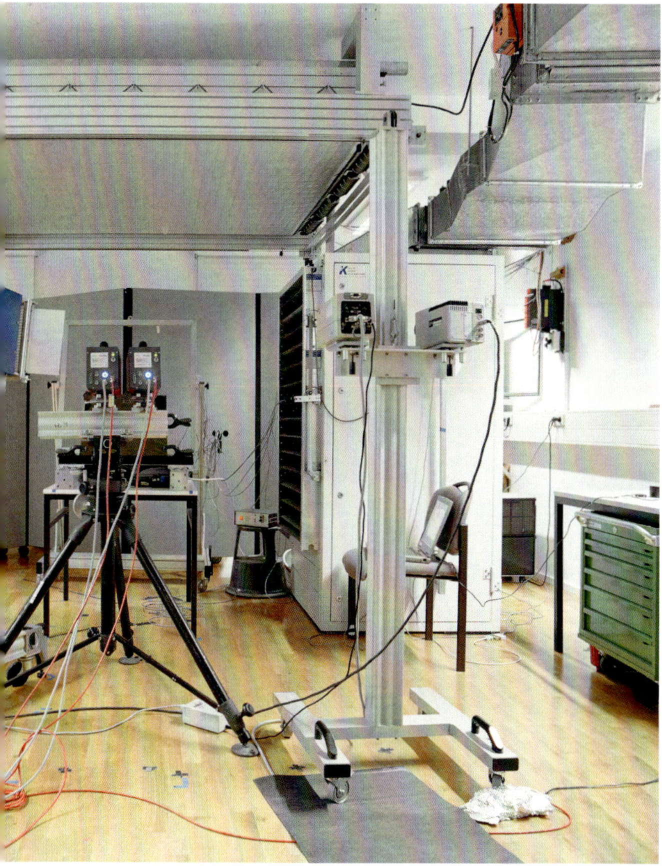

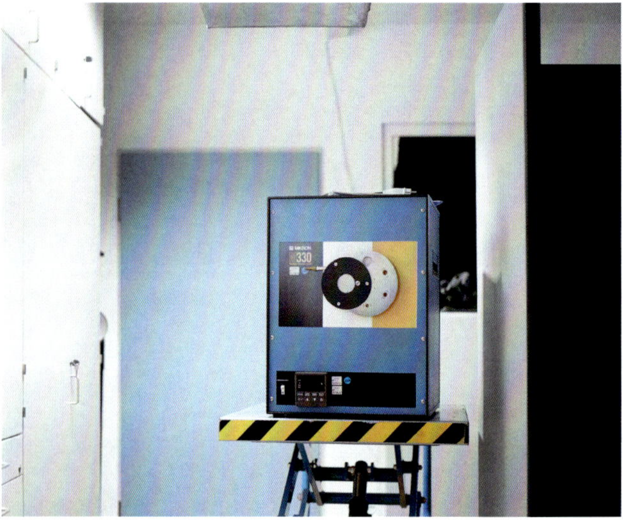
330

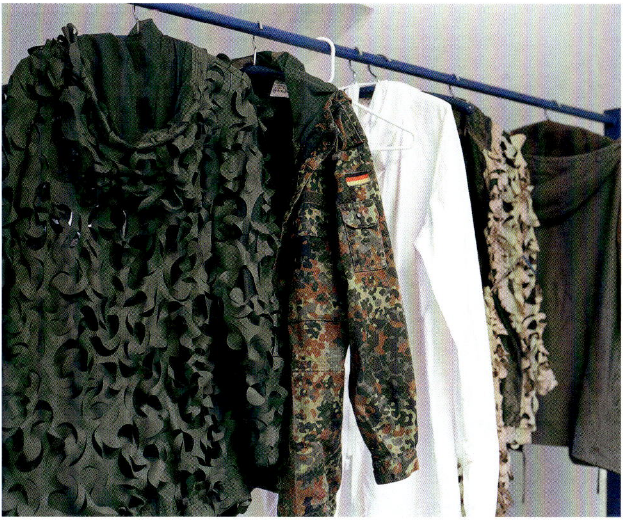

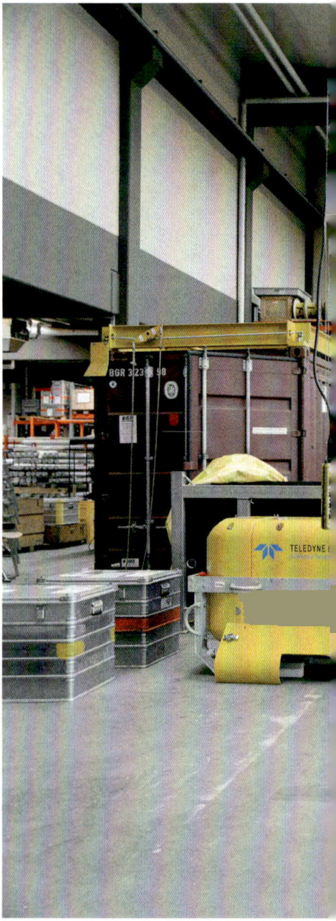

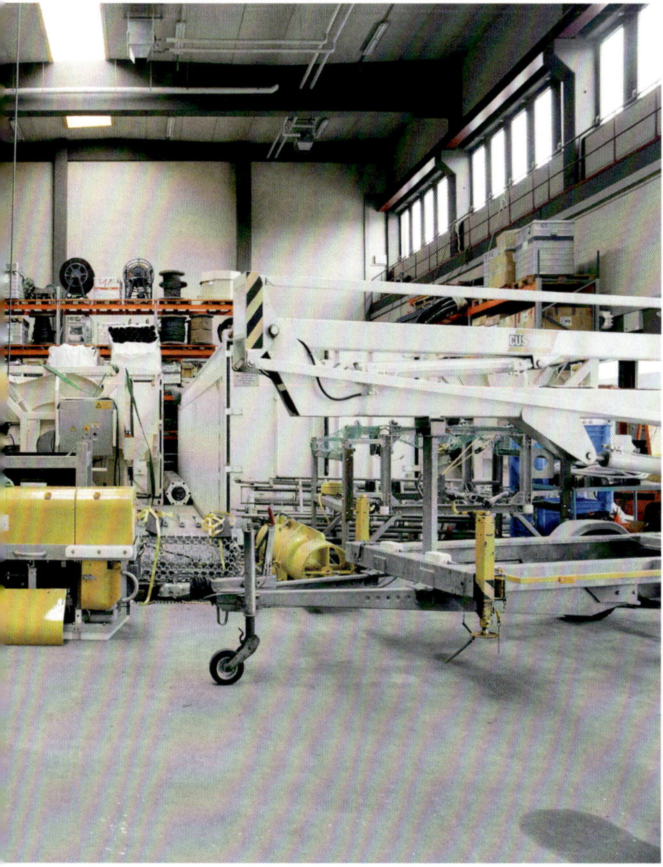

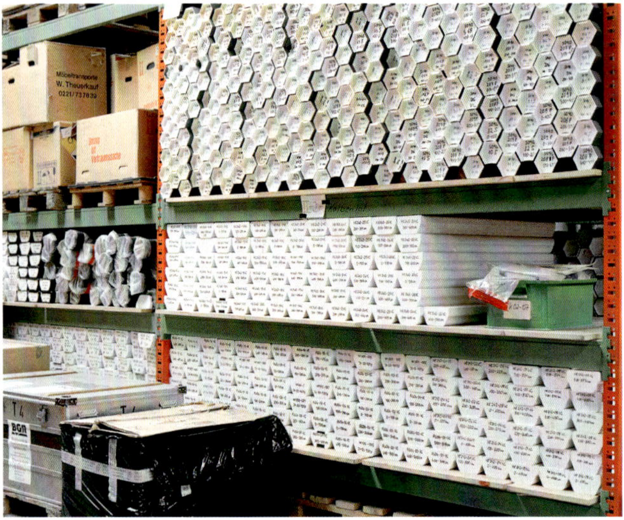
Möbeltransporte
W. Theuerkauf
0221/737839
BGR

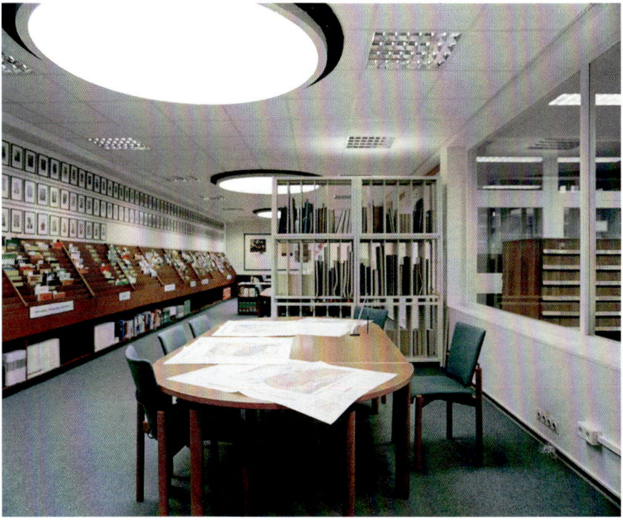

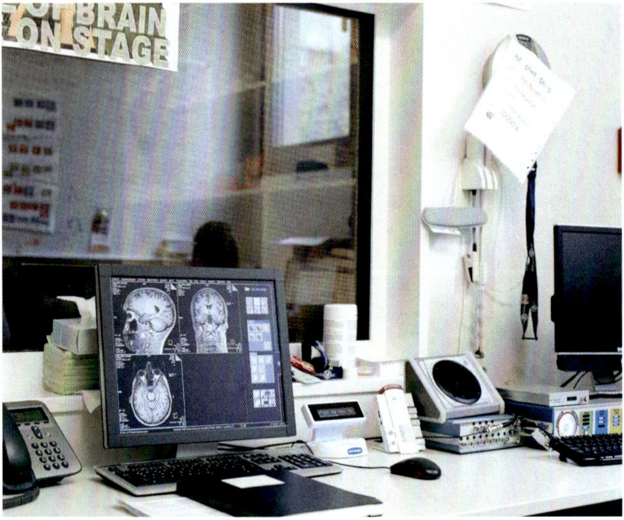
BRAIN
ON STAGE

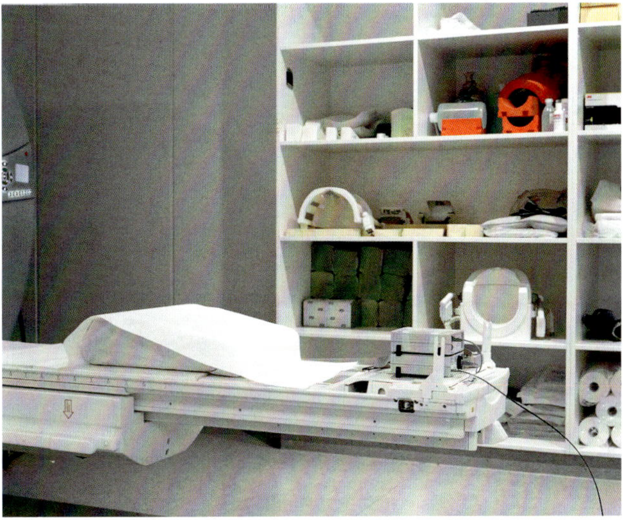

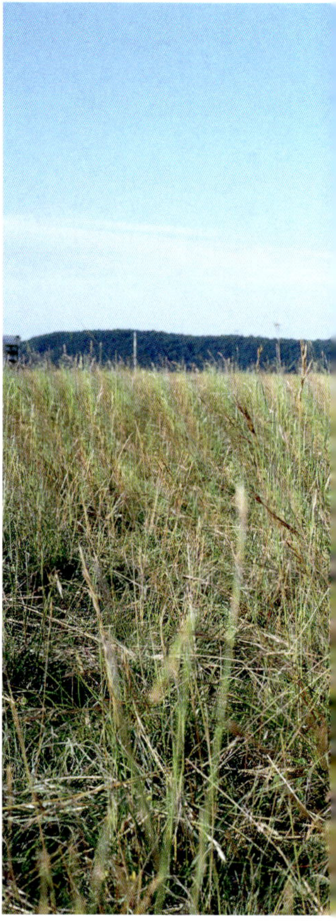

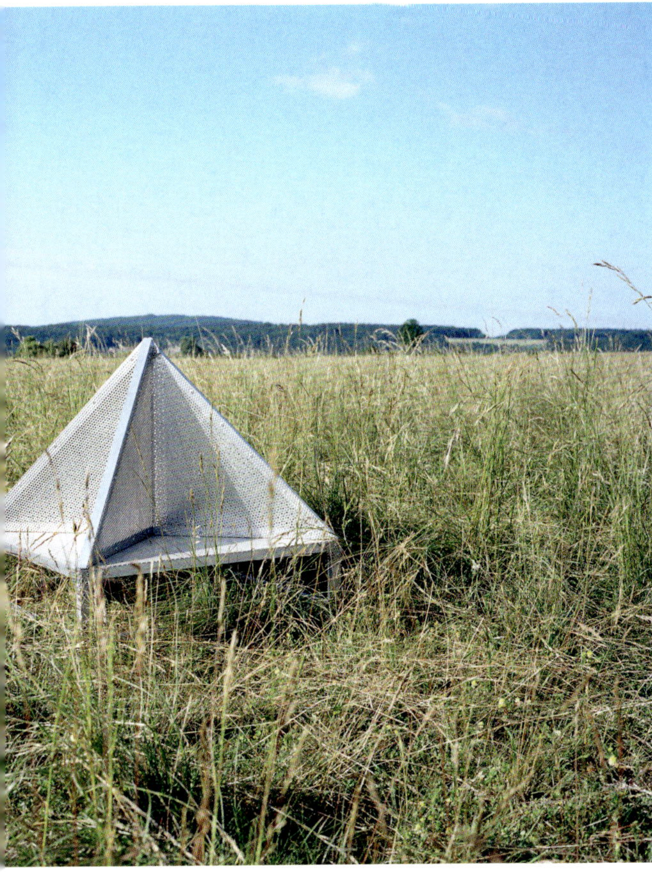

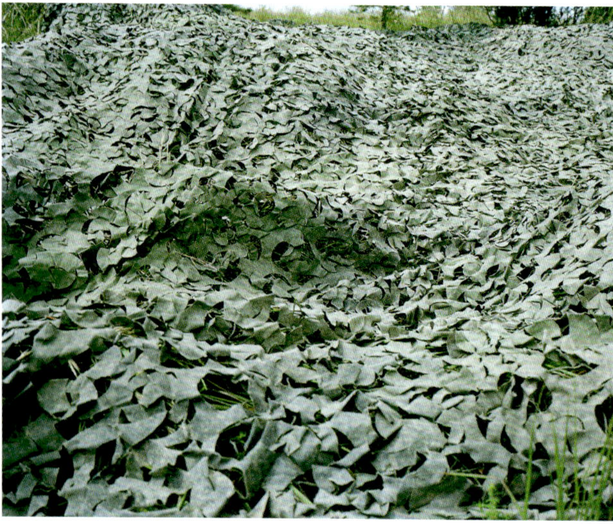

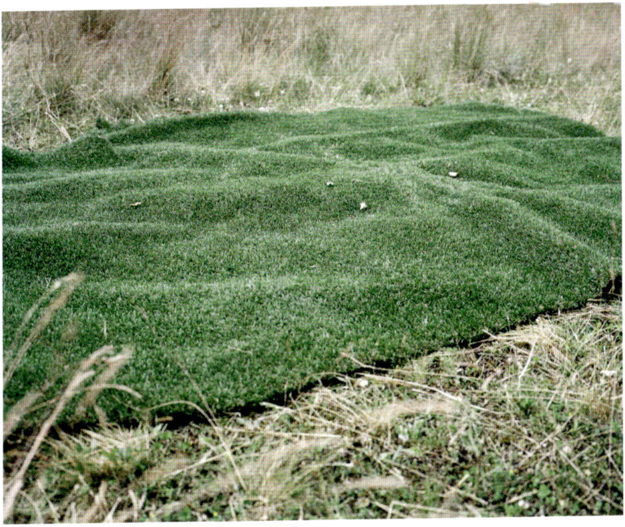

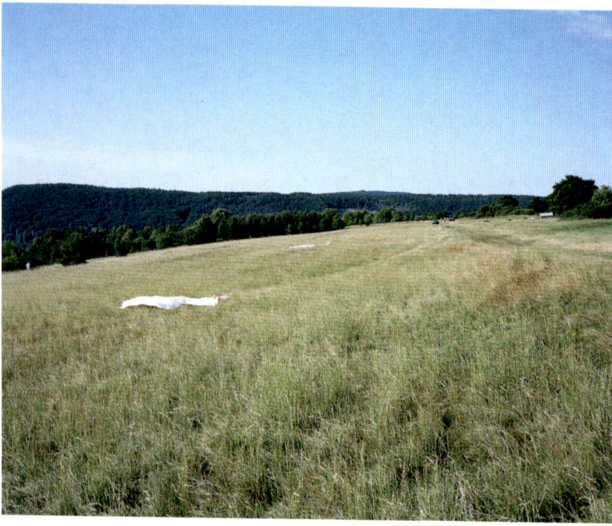

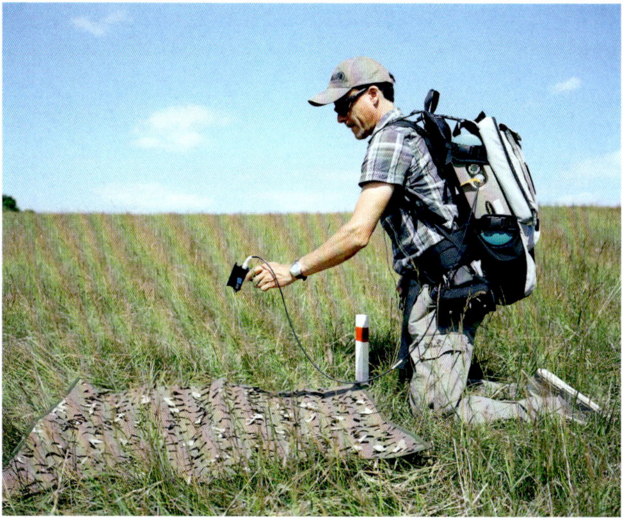

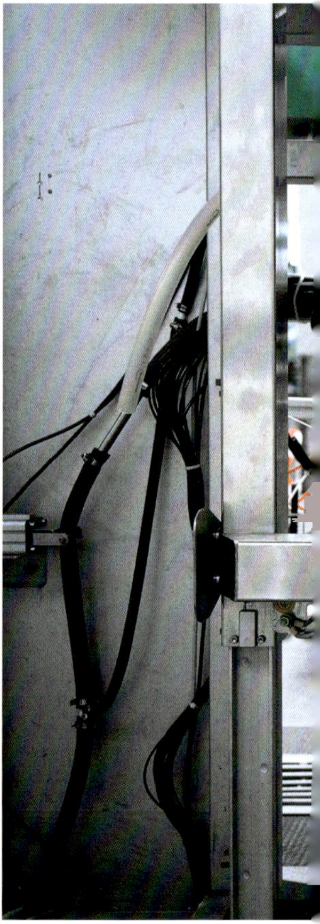

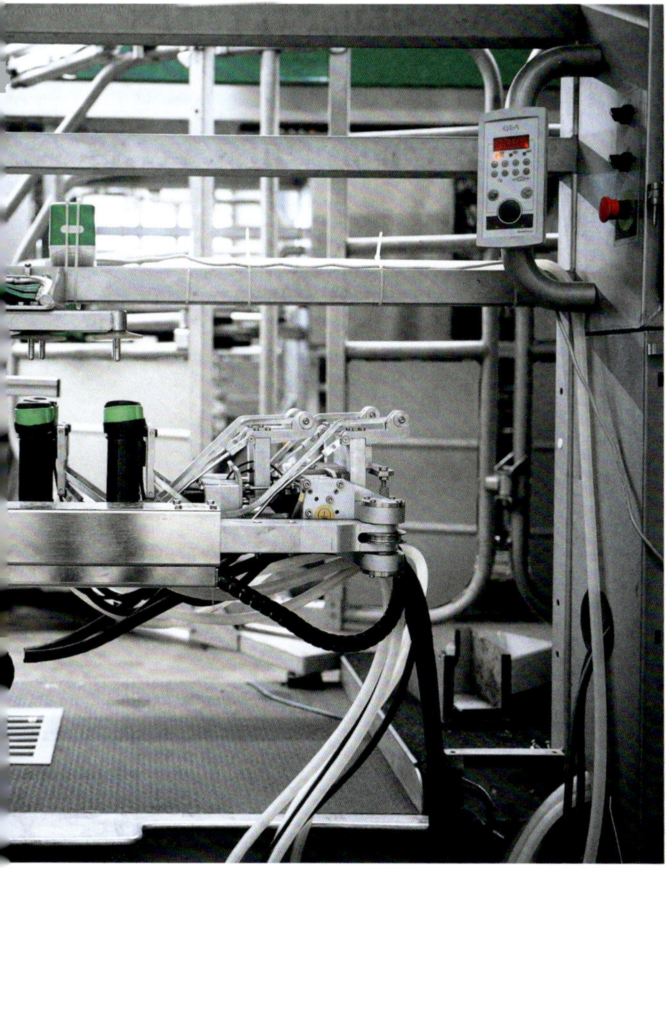

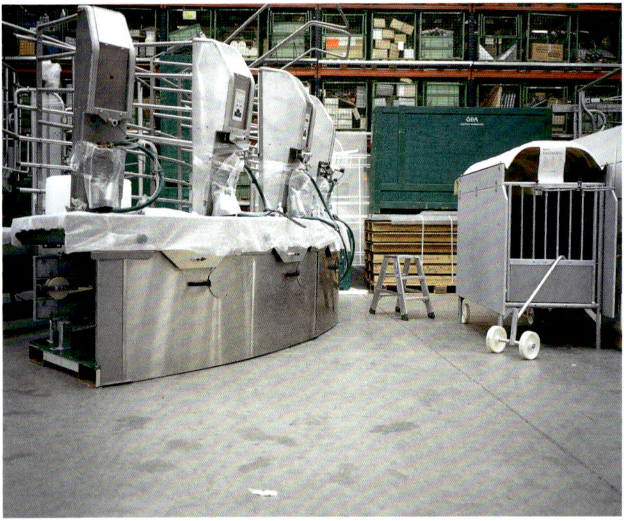

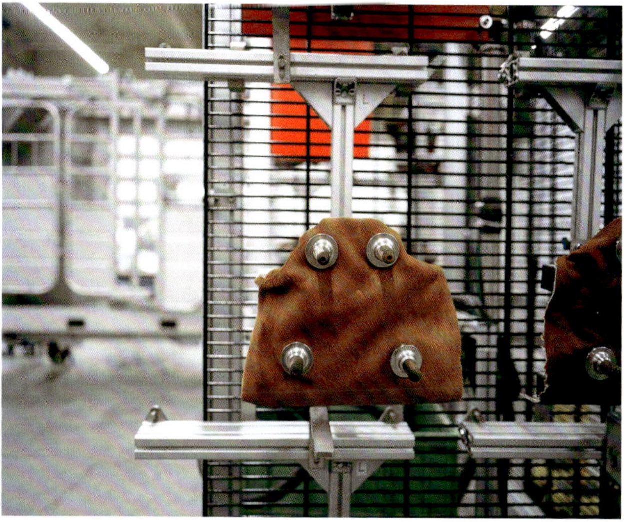

25.01.2011
Fraunhofer-Institut für Optronik, Systemtechnik und Bildauswertung (IOSB), Abteilung Sichtprüfsysteme, Karlsruhe
154 Anlage zur Überprüfung der Wasserqualität
156 Schüttgutsortierungsgerät
157 Forschungsgruppe «Imaging Technologies» der HfG Karlsruhe
158 Laborraum
159 Laborraum
160 Versuchsaufbau eines Videoauswertesystems

12.01.2012
Fraunhofer IOSB, Abteilung Signatorik, Ettlingen
162 Anlage zum Messen von Reflexionseigenschaften
164 Versuchsaufbau im Umweltsimulationslabor
166 Kalibrierungsgerät für Wärmebildkameras
167 Testobjekte für die Wärmebildanalyse

20.03.2012 – 21.03.2012
Bundesanstalt für Geowissenschaften und Rohstoffe (BGR), Hannover
168 Seitensichtsonar in der Lagerhalle
170 Bohrprobenbehälter
171 Bibliothek

07.05.2012 – 08.05.2012
Dahlem Institute for Neuroimaging of Emotion (D.I.N.E.), Berlin
172 Bedienungsraum des Magnetresonanztomografen
173 Untersuchungsraum

23.06.2012
Fraunhofer IOSB, Abteilung Szenenanalyse, Ettlingen
174 *Corner reflector* für die Kalibrierung von Radarsensoren
176 Testobjekt für Multispektralanalyse
177 Testobjekt für Multispektralanalyse
178 Testgelände
179 Messvorgang zur Aufnahme der spektralen Referenzwerte

30.10.2012
GEA Farm Technologies, Bönen
180 Melkroboter
182 Teil eines Melkkarussells
183 Testeuter

Autoren

Henning Arnecke, geboren 1983 in Oelde, studiert an der HfG | Staatlichen Hochschule für Gestaltung Karlsruhe Kunstwissenschaft und Medientheorie, Philosophie sowie Ausstellungsdesign und Szenografie. Neben dem Studium arbeitet er im Bereich Filmton.

Lisa Bergmann, geboren 1979 in Nürnberg, studierte Bildhauerei an der Akademie der Bildenden Künste in Nürnberg und der Accademia di Belle Arti di Palermo. Derzeit studiert sie Medienkunst an der HfG Karlsruhe. Sie gehört als Gründungsmitglied zum Klangkollektiv Alter Fritz.

Anselm Franke, geboren 1978 am Bodensee, Kurator und Publizist, leitet die Abteilung Bildende Kunst am Haus der Kulturen der Welt in Berlin und ist Lehrbeauftragter an der HfG Karlsruhe.

Susan Funk, geboren 1988 in Immenstadt im Allgäu, studiert Kunstwissenschaft und Medientheorie an der HfG Karlsruhe und assistiert bei Professor Beat Wyss.

Inge Hinterwaldner, geboren 1976 in Brixen, promovierte Kunsthistorikerin, leitet als wissenschaftliche Assistentin für neuere und neueste Kunstgeschichte auch die interdisziplinäre Forschungsgruppe «Bild und Modell» innerhalb des SNF-geförderten Nationalen Forschungsschwerpunkts «Bildkritik. Macht und Bedeutung der Bilder» an der Universität Basel.

Bruno Latour, geboren 1947 in Beaune, Burgund, promovierter Philosoph und habilitierter Anthropologe, ist Professor an der Sciences Po in Paris. Er leitet dort das Programm «Geisteswissenschaftliche Forschung und digitale Methoden».

Armin Linke, geboren 1966 in Mailand, Fotograf und Filmemacher, ist Professor an der HfG Karlsruhe.

Felix Mittelberger, geboren 1987 in Kulmbach, studiert Kunstwissenschaft und Medientheorie an der HfG Karlsruhe und ist Redakteur der Radiosendung «Theoretisches Hörspiel».

Daniel Neumann, geboren 1988 in Stralsund, tätig als freischaffender Filmemacher, studiert derzeit Kunstwissenschaft und Medientheorie an der HfG Karlsruhe.

Christoph Oeschger, geboren 1984 in Zürich, studiert nach einer Lehre als Buchhändler, diversen Praktika im Dokumentarfilmbereich und einem Fotografiestudium an der Zürcher Hochschule der Künste derzeit Medienkunst an der HfG Karlsruhe.

Sebastian Pelz, geboren 1965 in Berlin, studierte deutsche Philologie und Philosophie, wurde Schriftsteller, Drehbuchautor und Restaurantkritiker. Verbringt seine Tage und Nächte vor Leinwänden und Bildschirmen.

Margarete Pratschke, geboren 1974 in München, promovierte Kunsthistorikerin, arbeitet als Assistentin an der Professur für Wissenschaftsforschung der ETH Zürich und ist Mitarbeiterin des SNF-geförderten Nationalen Forschungsschwerpunkts «Bildkritik. Macht und Bedeutung der Bilder» an der Universität Basel im Modul «Wahrnehmung, implizites Bildwissen und Erkenntnis»; forscht zur Geschichte des digitalen Bildes.

Elke Reinhuber, geboren 1970 in Ellwangen/Jagst, studierte an der Universität der Künste Berlin Zeitbasierte Medien und arbeitet an einem PhD in Medienkunst am College of Fine Arts der UNSW in Sydney und an der HfG Karlsruhe. Sie erforscht die Darstellung kontrafaktischer Gedanken in der Kunst.

Margit Rosen, geboren 1974 in München, Kunsthistorikerin, ist Kuratorin am ZKM | Zentrum für Kunst und Medientechnologie Karlsruhe. In ihrer Forschungsarbeit widmet sie sich der Geschichte der Kunst und Technik des 19. und 20. Jahrhunderts.

Henning Schmidgen, geboren 1965 in Münster, promovierter Psychologe, forscht als Professor für Medienästhetik an der Universität Regensburg zur Geschichte experimenteller Kurzzeitmessungen und der Maschinenkunst des 20. Jahrhunderts.

Dank

Die Ausstellung *Maschinensehen* und die hier vorliegende Publikation sind das Ergebnis einer dreijährigen Seminarreihe des Fachbereichs Medienkunst/Fotografie sowie des Fachbereichs Ausstellungsdesign und Szenografie der HfG | Staatlichen Hochschule für Gestaltung Karlsruhe, die von Armin Linke unter dem Titel «Imaging Technologies» initiiert und zusammen mit Michael Clegg, Wilfried Kühn und Anselm Franke weiterentwickelt und durchgeführt wurde. Vonseiten des ZKM | Zentrum für Kunst und Medientechnologie Karlsruhe wurde das Projekt von Margit Rosen begleitet.

Zwischen dem Sommersemester 2010 und dem Wintersemester 2012/2013 haben zahlreiche Mitarbeiterinnen und Mitarbeiter, Studentinnen und Studenten aus den Fachbereichen Medienkunst, Kunstwissenschaft, Ausstellungsdesign, Szenografie und Grafikdesign an der Seminarreihe «Imaging Technologies» teilgenommen. Nicht alle sind mit einem individuellen Beitrag in Ausstellung und Publikation vertreten. Das Konzept und auch ein Teil der in der Ausstellung gezeigten Inhalte konnten jedoch nicht zuletzt dank ihrer Beiträge entwickelt und erstellt werden. Wir danken daher Ulrike Barwarnietz, Benjamin Behringer, Frederik Busch, Julia Emmler, Kilian Fabich, Alessandro Frigerio, Lukas Fütterer, Johanna Hoth, Valeska Höchst, David Howoldt, Miho Kasama, Oskar Klinkhammer, Samuel Korn, Stefanie Miller und Tobias Wottoon.

Im Verlauf des Seminars haben die Studierenden zahlreiche Institutionen besucht: das Aufklärungsgeschwader 51 «Immelmann» am Fliegerhorst Schleswig-Jagel, die Bundesanstalt für Geowissenschaften und Rohstoffe (BGR) in Hannover, das Centre for Earth Observation der European Space Agency (ESA/ESRIN) in Frascati, das CERN in Genf, das Dahlem Institute for Neuroimaging of Emotion (D.I.N.E.) in Berlin, das Deutsche Zentrum für Luft- und Raumfahrt (DLR) in Oberpfaffenhofen, e-GEOS in Matera, Factum Arte in Madrid, das Fraunhofer-Institut für Optronik, Systemtechnik und Bildauswertung (IOSB) in Ettlingen, GEA Farm Technologies in Bönen, das Karlsruher Institut für Technologie (KIT), das United Nations Institute for Training and Research (UNITAR) in Genf sowie das Virtopsy-Labor des Instituts für

Rechtsmedizin der Universität Zürich. In der Ausstellung *Maschinensehen* und in der vorliegenden Publikation werden nur einige Institutionen vorgestellt. Unser Dank gilt aber allen besuchten Institutionen und deren Mitarbeiterinnen und Mitarbeitern.

Wir danken Laurent Schmid und den Master-Studentinnen und Studenten der Geneva University of Art and Design (HEAD), sowie den Studentinnen und Studenten der Zürcher Hochschule der Künste (ZHdK) und Vianney Fivel, Nelly Haliti, Charlotte Khouri, Camille Vanoye und Alessandro Frigerio, die mit uns bereits 2011 die Ausstellung Operational Images im Centre de la photographie – Genève (Direktor: Joerg Bader) realisierten.

Unser Dank gilt außerdem Timothy Druckrey, Bruno Latour, George Legrady, Adam Lowe, John Palmesino und Eyal Weizman, die dem Projekt mit ihren Vorträgen im Rahmen der Seminarreihe wertvolle Anstöße gaben.

Wir danken den Beteiligten der Seminarreihe «Imaging Technologies», den Autoren der ungezeigten Filme, den Fotografen der ungezeigten Bilder und den Chronisten der unerwähnten Geschichten – in unserer Erinnerung, auf unseren Festplatten bleiben sie erhalten.

Impressum

Ein Projekt der Fachbereiche Medienkunst, Ausstellungsdesign und Szenografie sowie Kommunikationsdesign der HfG | Staatlichen Hochschule für Gestaltung Karlsruhe in Kooperation mit dem ZKM | Zentrum für Kunst und Medientechnologie Karlsruhe.

AUSSTELLUNG

ZKM | Zentrum für Kunst und Medientechnologie Karlsruhe
2. März – 19. Mai 2013

– *Kurator*
Anselm Franke
– *Projektleitung HfG*
Armin Linke
– *Projektbetreuung HfG*
Michael Clegg
Frank Halbig
Anselm Franke
Wilfried Kühn
Urs Lehni
Armin Linke
Margit Rosen
– *Projektleitung ZKM*
Margit Rosen
– *Technische Leitung*
Stefan Wessels
– *Aufbauleitung*
Henrike Mall
– *Aufbauteam*
Volker Becker
Claudius Böhm
Concern Art
Gregor Gaissmaier
Dirk Heesakker
Werner Hutzenlaub
Alexandra Kempf
Gisbert Laaber
Marco Preitschopf
– *Ausstellungsdesign*
Chong Xie
Kilian Fabich
Tim Roerig
Maxim Weirich
– *Ausstellungsgrafik*
Stefanie Miller
Christoph Spatschek
– *Öffentlichkeitsarbeit*
Dominika Szope
Constanze Heidt
Verena Noack
– *Marketing*
Linda Mann
Julia Wicky
– *Museumskommunikation*
Janine Burger
Banu Beyer
Eva Lusch
Marianne Spencer
Stephanie Syring
– *Mediathek*
Daniel Böckmann
Timo Haubrich
Christiane Minter
Regina Strasser
Petra Zimmermann

PUBLIKATION

– *Herausgeber*
Felix Mittelberger
Sebastian Pelz
Margit Rosen
Anselm Franke
– *Redaktion*
Felix Mittelberger
Sebastian Pelz
Margit Rosen
– *Lektorat*
Katharina Holas
Jan Wenzel
– *Übersetzungen*
Margit Rosen
Sebastian Pelz
– *Grafische Gestaltung*
Stefanie Miller
Christoph Spatschek
– *Reprografie*
Carsten Humme
COMYK, Roland Merz
Christoph Spatschek
– *Druck und Bindung*
DZA Druckerei zu Altenburg GmbH
– *Schrift*
Univers LT Std
– *Papier*
Tyvek 55 g
Munken Polar 90/300 g
MultiArt Gloss 115 g

Erscheint in der Reihe

Edition 76135 — Books from the HfG University of Arts and Design Karlsruhe
Herausgegeben von Michael Clegg, Urs Lehni, Armin Linke, Chris Rehberger, Jan Wenzel

76135

Staatliche Hochschule
für Gestaltung Karlsruhe
Lorenzstraße 15
76135 Karlsruhe

Erschienen bei Spector Books

Spector Books
Harkortstraße 10
04107 Leipzig
www.spectorbooks.com

Auslieferung

– *Deutschland/Österreich*
GVA Gemeinsame Verlagsauslieferung Göttingen GmbH & Co. KG
www.gva-verlage.de

– *Schweiz*
AVA Verlagsauslieferung AG
www.ava.ch

– *UK/Frankreich/Japan*
Anagram Books Ltd
www.anagrambooks.com

– *USA*
RAM Publications + Distribution Inc.
www.rampub.com

Diese Publikation erscheint anlässlich der gleichnamigen Ausstellung im ZKM | Medienmuseum (2. März – 19. Mai 2013)

Bibliografische Information der Deutschen Nationalbibliothek: Die Deutsche Nationalbibliothek verzeichnet diese Publikation in der Deutschen Nationalbibliografie; detaillierte bibliografische Daten sind im Internet über www.dnb.de abrufbar.

Staatliche Hochschule
für Gestaltung Karlsruhe

ZKM Zentrum für Kunst und Medientechnologie Karlsruhe

Printed in Germany
ISBN: 978-3-940064-75-2

∞